Dorothea Jöllenbeck

Zurück nach Hause

HERDER spektrum

Band 5875

Das Buch

Die Eltern werden älter, die erwachsenen Kinder haben ihr eigenes Leben, mitunter räumlich weit entfernt. Fragen kommen auf: Wie lange werden sie noch da sein? Worüber möchte man gerne noch – oder noch einmal, aus neuer Perspektive – mit ihnen sprechen? Wieviel Zeit kann, will, soll man mit ihnen verbringen? Als klar wird, dass ihre 78-jährige Mutter von einer schweren Erkrankung nicht mehr geheilt werden kann, beschließt Dorothea Jöllenbeck, zurück nach Hause zu gehen, um ihre Eltern – später auch mit der Unterstützung ihres Bruders – auf der letzten Etappe ihres Lebens zu begleiten. Ihr amerikanischer Ehemann bleibt zunächst in den USA, ihre Arbeit für eine Fluggesellschaft gibt sie auf. Fünfundzwanzig Jahre ist sie »aus dem Haus« gewesen; sechs Jahre lang, bis zum Tod des Vaters, wird sie nun wieder mit ihren Eltern zusammen leben. Es ist eine Zeit der Wieder- und Neubegegnung, eine Zeit der Krisen – und der Kreise, die sich schließen. Pflegen, Helfen, Versorgen sind angesagt, aber sie sind nicht alles. Allzu gut eingeübte Rollen müssen neu definiert werden. Vater, Mutter und Tochter lernen mit- und voneinander: Wer kann wem helfen – praktisch und »moralisch« – und wie? Was kann man miteinander teilen, wo muss man sich abgrenzen? Was ist hilfreiches Ritual, was einengende Gewohnheit? Immer wieder passiert es Eltern und Tochter, dass sie Neues über den anderen, sich selbst und das Leben erfahren. Es sind unerwartete Begebenheiten mitten im ganz normalen wiedergefundenen Familienalltag, durch die alle sich verändern – nicht zuletzt die beiden alten Menschen. Das Leben bleibt spannend bis zuletzt, und Raum für Lebendigkeit ist immer – das ist die Essenz dieser berührenden Erfahrungen einer »neuen alten« Familie.

Die Autorin

Dorothea Jöllenbeck, geboren 1953, Dipl.-Pädagogin, seit 1987 freiberuflich als Bewegungslehrerin, Theaterpädagogin und Autorin tätig. Sie lebt in Melle/Niedersachsen.

Dorothea Jöllenbeck

Zurück nach Hause

Meine alten Eltern und ich

HERDER

FREIBURG · BASEL · WIEN

Gedruckt auf umweltfreundlichem,
chlorfrei gebleichtem Papier

Originalausgabe

www.herder.de
Satz: Rudolf Kempf, Emmendingen
Herstellung: fgb · freiburger graphische betriebe 2007
www.fgb.de
Umschlaggestaltung und Konzeption:
R·M·E München / Roland Eschlbeck, Liana Tuchel
Umschlagmotiv: © photothek
Foto der Autorin: Hilla Südhaus
ISBN 978-3-451-05875-2

Inhalt

Prolog
Ein neues Leben ganz weit weg

Das war gewiss nicht der schönste Abend, den ich je im Hause meiner Eltern erlebt hatte. Meine Mutter weinte und mein Vater vermied jeden Blickkontakt mit diesem Mann, der neben ihm auf dem Sofa saß und gerade in brüchigem Deutsch und mit stark ausländischem Akzent um meine Hand anzuhalten versuchte. Warmherzig lächelnd trug er den zuvor mehrfach geprobten Satz vor: »Herrrrr Daktohr Jellllenbeck, ick liebe Ihrrre Dochter und möckte Ihrrre Dochter heirrraten.«

Eigentlich hätten wir uns vorher darüber im Klaren sein können, dass meine Eltern angesichts dieser Information nicht gerade in Begeisterungsstürme ausbrechen würden. Das mit dem Heiraten kannten sie von ihren beiden Kindern schon und über meine erneute Eheschließung hätte man ja reden können. Doch dass ich in die USA auswandern würde, und zwar schon bald, war für beide unerträglich.

Erwartungsfroh waren wir an jenem Tag im November 1993 aus Schleswig-Holstein in meine alte Heimatstadt Werther zu den Eltern gereist. Ich wollte ihnen meinen neuen Freund persönlich vorstellen und dieser hatte sich darauf gefreut, ihnen die Mitteilung zu machen, dass er ihr Schwiegersohn zu werden gedachte.

Der Mann hieß Marty Kirkman, war US-Amerikaner und lebte in Kalifornien, genauer gesagt in San Francisco. Dort wollte er auch erst mal bleiben.

Wir liebten uns. Was also lag da für mich näher, als meine Sachen zu packen, meine Zelte in Deutschland abzubrechen und auf diesen anderen Kontinent überzusiedeln?! Für mich stellte dies ein außerordentlich reizvolles Unterfangen dar. Nicht aber für meine Eltern.

Meine Mutter hatte es bereits geahnt, jetzt war es ausgesprochen und ganz klar.

Natürlich wussten meine Eltern längst von diesem Mann, schließlich hatte ich ihnen von unserer ersten Begegnung erzählt und war bald darauf erneut in die USA gereist.

Außerdem war dieser Fremdling nun schon seit mehreren Wochen bei mir zu Besuch.

Fast alle, die ihn bisher dort kennengelernt hatten, schienen ihn zu mögen.

Selbst meine Mutter konnte sich ihrer Sympathie für Marty nicht erwehren. An jenem Abend nämlich, später in der Küche, als sich die Wogen unseres Familiendramas ein wenig geglättet hatten, antwortete sie auf meine Frage »Aber findest du ihn denn gar nicht nett?« nur kurz: »Doch. Das ist ja das Problem.«

Der Morgen unserer Abreise – wir wollten ein paar Tage lang Deutschland erkunden – war alles andere als entspannt. Das Abschiedsritual wurde vollzogen, die Umarmungen fielen kürzer aus als sonst. In mir war alles stumm. Marty und ich bestiegen das Auto und fuhren langsam die Einfahrt seitlich des Hauses hinauf. Oben angekommen wartete ich, bis die Straße frei war, und fuhr los. Ein kurzer Druck auf die Hupe, den Arm zum Winken aus dem Fenster gestreckt ... und dann brach es aus mir heraus: »Da geh ich nie wieder hin zurück. In dieses Haus will ich nie wieder. Never, never again!«

Ich war zutiefst enttäuscht und auch gekränkt, fühlte mich vor den Kopf gestoßen, missverstanden und nicht ernstgenommen. Mir war unendlich peinlich, wie sich mein Vater Marty gegenüber verhalten hatte. Ich war außer mir. Und ein Gemisch aus Weinen, Ärgernis und Schimpfen, aus Fluchen und Verzweiflung entlud sich unsortiert und laut.

Nach einigen Kilometern beschlossen wir, anzuhalten und ein paar Schritte zu laufen, damit ich mich beruhigen konnte. Es tat mir gut, ganz fest bei der Hand genommen und liebevoll gehalten zu werden. »Deine Eltern sind so, weil sie dich lieben«, sagte Marty unvermittelt. Und weiter: »Das ist eben ihre Art. Im Moment können sie nicht anders. Es ist für sie die einzige Möglichkeit, ihre unendliche Liebe zu dir zum Ausdruck zu bringen.« Ich wandte mich langsam zu ihm um. »Wie bitte?« Erneut schluchzte ich auf. Ich wollte widersprechen, fand aber nicht die richtigen Worte dazu.

Wir kehrten um und gingen zum Auto zurück. »Let me drive now«, sagte Marty nur. Ich warf ihm meinen Schlüsselbund zu und schüttelte den Kopf. »Ich glaube, du bist einfach nur verrückt.«

Eine Woche später flog Marty zurück in die USA und ich begann, meinen Weggang aus Deutschland vorzubereiten – zunächst gedanklich und dann ganz konkret.

Ende März 1994 hatte ich meinen Haushalt aufgelöst, mein Hab und Gut bis auf einige geliebte Teile verkauft, das meiste davon zu billig, vieles hatte ich verschenkt, gespendet, weggegeben, so auch die letzten Lebensmittel – die brachte ich der Nachbarin.

Meine geliebte Katze Metaxa sollte zu meinen Eltern umsiedeln. Sie war inzwischen zehn Jahre alt und hatte keinen Zweifel daran gelassen, dass dies auch ihrem Wunsch entsprach.

Am 11. März feierten meine Eltern und ich den Geburtstag einer Nachbarin und gleichzeitig meinen Abschied. »Wie kannst du uns das antun?«, klagte das Geburtstagskind. Ich glaubte, nicht recht zu hören. Schließlich wohnte ich nun schon seit fast zwanzig Jahren nicht mehr im elterlichen Haus und sah die Nachbarn ohnehin nur selten. Und auf Gejammer hatte ich in diesen Tagen wirklich keine Lust, ich wollte los.

Am Mittag des nächsten Tages verabschiedete ich mich. Metaxa meinte, sich zum Abschied von mir nicht einmal von ihrem neuen Lager unter der Heizung im Esszimmer erheben zu müssen. »Macht es nur einfach gut zusammen.« Länger als beabsichtigt blieb ich dort unten bei der Katze hocken. Doch wusste ich, ich hatte keinerlei Einfluss mehr auf das, was zukünftig in diesem Haus geschah. So meinte ich zumindest.

In San Francisco empfingen mich Sonne und Wärme. Marty hatte einen Strauß aus Lilien, Iris und Rosen mit zum Flughafen gebracht.

Und wieder einmal flossen Tränen, diesmal jedoch aus lauter Glück, aus Freude und Erleichterung. Marty hielt mir die Tür des alten Volvos auf, ich stieg hinein und mein neues Leben begann.

So dramatisch Martys Absichtserklärung damals bei meinen Eltern auch gewesen war, so unwichtig erschien uns das Thema »Heiraten« in jenen ersten Wochen unseres Zusammenlebens.

Erst als mein Touristenvisum fast abgelaufen war, befassten wir uns näher mit den Möglichkeiten, die es für mich gab, um legal im Land bleiben zu können. Und an einem Freitagmorgen Anfang Mai begaben wir uns in den angrenzenden Staat Nevada. Dort geht das Heiraten einfach und sofort.

Der Tag unserer Eheschließung war ein Samstag, und zwar der vor Muttertag, einem über alle Landesgrenzen hinweg internationalen Feiertag zu Ehren aller Mütter dieser Erde.

An den folgenden Sonntagmorgen erinnere ich mich genau: Ich befand mich in einem großen Hotelzimmer und hielt den Telefonhörer in der Hand. Mit nicht ganz ruhiger Hand wählte ich die Nummer meiner Eltern in Deutschland. »Ausgerechnet am Muttertag!«, ging es mir durch den Kopf, als sich am anderen Ende auch schon meine Mutter meldete. »Jöllenbeck!?« Wie immer klang ihre Stimme freundlich, erwartungsfroh-fragend, vermischt mit der Ahnung, dass ich es wohl sein würde, die sich zu dieser Zeit des Tages vom anderen Ende der Welt meldete. »Hier auch« erwiderte ich gewohnheitsgemäß und war mir in dem Moment nicht einmal darüber im Klaren, dass das seit dem gestrigen Nachmittag nun nicht mehr stimmte.

»Liebes! Wie geht es dir?« Auch diese Frage kannte ich, und wann immer sie mir gestellt wurde, versuchte ich, sie ehrlich zu beantworten. »Es geht uns prima, Mutti ...«, doch trotz des fröhlichen Inhaltes fiel dieser Satz ein wenig sparsam aus. Pause. Luft holen. »Wir sind in Reno und gestern haben wir ... geheiratet!«

Am anderen Ende der Leitung herrschte zunächst Schweigen. Dann folgte ein fast ersticktes »Nein ...« Was diesem Nein tatsächlich folgte, weiß ich heute nicht mehr.

Eines allerdings war klar: Ich war für meine Mutter in eine Ferne gerückt, die die für sie ohnehin unüberwindbar scheinenden Kilometer und Flugstunden nun noch um Lichtjahre ins Unermessliche zu steigern schien. In diesen Minuten, die so zäh wie Teer waren, konnte ich die Gedanken meiner Mutter körperlich spüren: »Nun ist sie ganz weg! Meine Tochter wird nie mehr wiederkommen, ich habe sie verloren.«

Auch wenn ich nie einen Zweifel daran gelassen hatte, zusammen mit Marty in den USA leben zu wollen, war mein Status bisher noch der einer Touristin gewesen. Als solche hätte ich nach drei Monaten wieder ausreisen müssen. Hatte meine Mutter diesbezüglich noch gehofft? Was war überhaupt in ihr vorgegangen?

Über all dies konnten wir an jenem Morgen nicht sprechen, vielmehr war sie nur darauf bedacht, am anderen Ende der Leitung nicht vollends die Fassung zu verlieren. Und so muss es für sie wie eine Erlösung geklungen haben, als ich, im sonntäglichen Ritual bleibend, sie bat: »Dann gib mir Vater doch noch mal«. Trösten konnte ich sie in diesen Augenblicken nicht.

Umbrüche und Aufbrüche

»Fühl doch mal bitte! Irgendetwas sitzt da.« Mit diesen Worten führte meine Mutter meine Hand an ihren rechten Hinterkopf. Da war ein Knubbel, ein bisschen weich und markstückgroß. »Geh damit bitte bald zum Arzt«, lautete mein dringender Rat und besänftigend fügte ich hinzu: »So richtig schlimm fühlt es sich nicht an, aber geh bitte hin und lass das mal anschauen.«

Vielmehr konnte ich in jener Situation nicht für meine Mutter tun. Ich war gerade wieder auf einer meiner Arbeitsreisen in Deutschland und bei meinen Eltern nur auf Stippvisite. Inzwischen arbeitete ich für die Lufthansa, sowohl in San Francisco als auch in Frankfurt. Mein Flug zurück nach Kalifornien ging schon am nächsten Morgen.

Meine Mutter versprach, den Hausarzt aufzusuchen.

Vor etlichen Jahren, es muss 1981 gewesen sein, hatte sie einen Knoten in ihrer Brust entdeckt und sich sogleich einer Operation, genauer gesagt einer Brustamputation, unterzogen. Damals verzichtete sie auf jegliche Nachsorge- und Reha-Maßnahmen und ging ihren Weg unbeirrt weiter. Wie zuvor erledigte sie alle Hausarbeiten selbst, widmete sich ihrer Gartenarbeit auf dem über 2000 Quadratmeter großen Anwesen, pflegte, züchtete, hegte und schaffte.

Die gelegentlichen Zwischenuntersuchungen, auf denen die Ärzte bestanden, fielen immer wieder zur Zufriedenheit aller aus und während dieser Jahre schien sie kräftig und gesund.

Nicht nur ihr Körper, auch ihr Geist, ihr ganzes Wesen war von ungeheurer Stärke. Mit unserem Vater ging sie seinerzeit - einmal mehr - durch schlimme, dunkle Zeiten. Sie durchlebte den Schock seines inzwischen zweiten Suizidversuches und war für ihn da, als er sich auf eigenes Ersuchen selbst aus den therapeutischen Händen der Klinikärzte entließ. Als täglich, ja stündlich neu geforderte Stütze blieb sie an seiner Seite in seinen Phasen tiefer Depression, sprach ihm stets neuen Mut zu, umsorgte ihn, betete mit ihm und für ihn, weinte, litt und war dennoch immer wieder Lichtblick, für ihn, für uns, für andere.

Später gab es noch mal eine Wende im Leben der beiden, die inzwischen über 50 Jahre miteinander verheiratet waren. Vater blieb zwar weiterhin der Sorgenvolle, aber in ihm und um ihn herum wurde es erheblich heller. Die beiden reisten, wanderten und unternahmen schöne Dinge. Vater erledigte fortan die Einkäufe, kam dabei »unter Leute« und wirkte sehr viel froher als zuvor. Und doch blieb es dabei: Mutter war die Starke, deren Unterstützung und Fürsorge er, der stets Kränkelnde, brauchte. Was nun, wenn diese Stütze selber krank war?

Meine Intuition war richtig und meine Sorgen, den Knubbel am Kopf betreffend, bestätigen sich. Die Nachricht erreichte mich zwei Wochen später: Es waren Knochenmetastasen.

»Das muss operiert werden«, sagte Mutter nur kurz und nüchtern am Telefon. Auch alles Weitere klang recht einfach und eher undramatisch. »Es wird wohl nur ein kleiner Eingriff sein«, erklärte sie weiter.

Mir war das Ganze nicht geheuer und ich traf alle Vorbereitungen, um erneut nach Deutschland fliegen zu können.

Dazu gehörte diesmal ein Gespräch mit meinem Chef am Flughafen. »Familie hat Vorrang«, gab dieser grünes Licht zur Reise. Ich war dankbar und erleichtert.

Zu Hause sprach ich mit Marty über die Situation und legte einige Sachen zurecht. Dann wieder Telefonate mit meiner Mutter. »Nein, nein, es ist nicht nötig, dass du kommst. Das schaffen wir ganz gut allein.« Meine Sachen ließ ich griff- und packbereit liegen, ich ging wie gewohnt zur Arbeit und wieder hörte ich vom anderen Ende der Welt: »Du solltest dir wirklich keine unnötigen Sorgen machen, Kind.« Was in diesem Falle nötig oder unnötig war, blieb allerdings dahingestellt, ich konnte die Situation nicht wirklich einschätzen.

Bisher war meine Mutter immer die Starke gewesen. Schon in früher Jugend hatte sie die Verantwortung für den Laden einer großen Friedhofsgärtnerei in Kassel übernommen. Ihr Vater war plötzlich verstorben und ihre Mutter in eine tiefe Depression gefallen. Würde sie also jemals in der Lage sein, loszulassen, um Hilfe zu bitten und sich in der Rolle der sogenannten Schwachen zurechtzufinden?

Bislang hatte Mutter von der Möglichkeit eines ambulanten Eingriffs gesprochen, nun war plötzlich die Rede von ihrer Einlieferung in eine Spezialklinik.

Am nächsten Tag rief meine Mutter mich von ihrem Zimmertelefon aus der Klinik an. Sie erzählte mir von den Vorbereitungen auf ihre OP, erwähnte eine künstliche Platte im Schädelknochen und gestand mir zugleich, dass sie nun doch ein wenig Sorgen vor der längeren Narkose habe. Und dennoch wirkte sie so unglaublich gefasst. Ihre Tränen würde sie später weinen, das wusste ich. Ich konnte es auch zwischen ihren Worten spüren.

»Ich denk an dich. Sei ganz fest umarmt.« Mehr Tröstendes fiel mir nicht ein. Wir legten auf.

Ich rief Marty auf der Arbeit an, dann am Flughafen. Die meisten meiner Kolleginnen waren über meine Situation informiert, ich brauchte also nichts mehr zu erklären. Ich bat darum, mich für den Flug nach Frankfurt vorzumerken. Bis zum Abflug waren es noch fast vier Stunden.

Im Flugzeug rechnete ich immer wieder die Zeit nach, zählte die Stunden, vor und zurück. Fragen schwirrten ungeordnet durch mein Hirn: »Wann kommt sie in den OP? Wie mag es Vater gehen? Hat die Operation jetzt schon begonnen? Ob ich gleich zu ihr fahre? ...« Es wurde wieder Tag, ich schaute aus dem Fenster. Dort unten, über dem Wasser schwebend, der Fetzen eines Regenbogens. Ich lehnte mich zurück und schloss die Augen. Als ich erwachte, wurde das Frühstück serviert.

Nicht in Frankfurt, sondern erst am Flughafen in Hannover ging ich zum Telefon und rief bei meinem Vater an. Inzwischen war es 14.30 Uhr Ortszeit. »Ich bin gerade in Hannover gelandet. Ich nehme mir jetzt einen Leihwagen. In zwei Stunden bin ich bei dir.«

Um kurz vor 17.00 Uhr saßen wir nebeneinander auf dem Sofa in dem kleinen Arbeitszimmer meines Vaters und warteten gemeinsam auf den Anruf aus der Klinik. Wir waren voller Anspannung, in Sorge und zugleich auch irgendwie glücklich. Wir sprachen nur wenig. »Sie haben gesagt, sie melden sich, wenn alles vorbei ist.«

Meine Gedanken gingen zurück in die Vergangenheit und blieben an bekannten Bildern hängen. Diese Augenblicke erinnerten mich so sehr an damals, an jene Situation, als er, mein Vater, versucht hatte, sich das Leben zu nehmen. Mutter und ich hatten gemeinsam vor der Tür der Intensivstation gesessen, bangend, betend, Hand in Hand. Damals war sie so unwahrscheinlich stark und was sie sagte, hatte sich mir eingeprägt. »Weißt du«, waren ihre Worte gewesen, »lass uns nicht darum bitten, dass er leben soll, sondern nur darum, dass das geschieht, was für uns alle richtig ist.« Dann war sie aufgestanden, sie hatte ihren Entschluss gefasst: »Hier gibt es im Moment für uns nichts wirklich Sinnvolles zu tun. Lass uns nach Hause gehen und uns stärken. Wir kochen uns jetzt erst mal eine gute Suppe.«

Ihre Worte, ihre Denk- und Handlungsweise waren mir plötzlich wieder ganz präsent.

Das Telefon klingelte. Die OP sei ganz gut verlaufen und Mutter ginge es den Umständen entsprechend. Sie sei aber noch nicht ansprechbar und es mache keinen Sinn, sie heute zu besuchen.

Ich stand auf, ging in die Küche und bereitete das Abendbrot zu.

Am kommenden Morgen machte ich mich auf den Weg in die Klinik. Wieder einmal stand ich vor der Tür einer Intensivstation. Ich klingelte und es dauerte eine Weile, ehe eine blau – oder grün? – bekittelte Schwester öffnete. »Ja!? Was möchten Sie?« Die Stimme klang nüchtern, fast streng und alles andere als einladend. »Ich bin Dorothea Jöllenbeck und möchte zu meiner Mutter, Charlotte Jöllenbeck. Die müsste hier bei Ihnen liegen«, trug ich mein Anliegen vor. »Moment!« Die Schwester mit der strengen Stimme drehte sich um und ging zurück in die mir noch verschlossenen Wirklichkeiten jener Station. Als sie zurückkehrte, schüttelte sie den Kopf und schaute mich mit gerunzelter Stirn und leicht zusammengekniffenen Augen an. Noch während ihrer Erklärung begann sie, die Türe langsam wieder zuzuschieben: »Frau Jöllenbeck sagt, das sei unmöglich. Ihre Tochter Dorothea lebe in Amerika und könne auf keinen Fall hier sein.«

Meine Stimme, die den wahren Sachverhalt zu erklären versuchte, musste wohl auf wundersame Weise direkt an die Ohren meiner Mutter gedrungen sein. Von irgendwoher hörte ich sie rufen. Wenige Minuten später lagen wir uns in den Armen, behindert von OP-Mundschutz und -verkabelung. »Wir haben doch gerade erst am Telefon gesprochen. Da warst du doch noch drüben, oder?«

Ich setzte mich neben ihr Bett. Sie wirkte sanft, ruhig und gelassen, irgendwie matt und kräftig zugleich, auf jeden Fall sehr anders als gewohnt. Ich erzählte ihr von allem Hin und Her, von meinem raschen Entschluss zu kommen und von den Vorzügen, die es hat, in einer solchen Situation für eine Fluggesellschaft zu arbeiten.

Ihr ganzer Kopf war mit einer weißen Bandage umwickelt und ich brauchte nicht zu fragen, wie es darunter aussah.

Erst bei meinem Besuch am nächsten Tag, als sie schon wieder in einem richtigen Zimmer auf Station lag, traute sie sich, mich zu fragen. »Ob die wohl noch was von meinen Haaren drangelassen haben?« Ich drückte ihre Hand und konnte die Wahrheit nicht beschönigen. »Nein, Mutti, die sind alle ab. Das mussten sie für die OP so machen.« Den zweiten Satz hörte sie wohl kaum noch, ihr Schmerz über den Verlust ihrer langen Haare war zu groß. Das Weinen brach aus ihr heraus. Ich ließ sie schluchzen und hielt weiter ihre Hand. Ich war mir ziemlich sicher, dass sie zum Zeitpunkt ihrer Frage die Antwort bereits selber wusste. Und doch war da der Funke einer Hoffnung gewesen. Sie hatte ihre Haare sehr geliebt, ja, sie war stolz darauf gewesen, das sah ich erst in diesem Augenblick.

Tage des intensiven Miteinanders folgten. Täglich besuchte ich Mutter im Krankenhaus und auch mit Vater war ich viel zusammen. Wir aßen gemeinsam und redeten, ich kümmerte mich ums Nötigste im Haus und einige Male fuhren wir beide gemeinsam in die Klinik.

Es waren sonnige und warme Junitage und ich genoss es, mir mittags einen Liegestuhl zu nehmen und mich für ein halbes Stündchen draußen unter den blühenden Apfelbaum zu legen. Das Rapsfeld gegenüber ... das tiefe Gelb und der Geruch ... nie wieder hatte ich hierher zurückgewollt ... Als ich erwachte, lag Katze Metaxa neben mir auf meiner Liege.

Nur vier volle Tage konnte ich in Werther bleiben und längst bevor Mutter aus der Klinik entlassen wurde, musste ich schon wieder abreisen. Einer Tagebuchaufzeichnung vom 20. Juni 1996 ist zu entnehmen, dass mir das Weggehen diesmal nicht gerade leicht fiel.

»Versprecht mir, dass ihr euch für den Haushalt eine Hilfe sucht«, ermahnte ich die beiden vor meiner Abreise. So ungewöhnlich uns allen dieser Gedanke zunächst erschien, so sinnvoll war er. Das sah selbst meine Mutter ein. Kurze Zeit später meldete sich eine nette junge Frau, die fortan einmal pro Woche kommen würde.

Per Post und Telefon erfuhr ich, dass Mutter sich erstaunlich schnell von den Strapazen der Operation erholte und bald schon wieder im gewohnten Rhythmus war. Das mit den kurzen Haaren sei recht praktisch, betonte sie, »besonders jetzt im Sommer«, und mit dem Hausputz ginge es recht gut. »Das machen wir donnerstags immer gemeinsam«, erfreute sie sich an der neuen Hilfe.

Mein Bruder Reinhard schickte ein paar Fotos von Mutters Geburtstagsfeier. »Wie hübsch sie ist mit ihren kurzen Stoppelhaaren!« Ich schaute mir die Bilder immer wieder an. Etliche Wochen später wurde aus den Stoppelhaaren eine richtige Kurzhaarfrisur und von der künstlichen Platte in ihrem Schädel war äußerlich nichts zu erkennen.

Und es blieb ruhig in Mutters Knochen, für weitere zwei Jahre. Doch dann im Frühjahr 1998: erneut ein Knubbel, auch wieder rechts am Hinterkopf.

Am Telefon erzählte sie mir von ihrer Entdeckung und in aller Ruhe besprachen wir, wie sich ihre Untersuchungen und ihr Krankenhausaufenthalt diesmal am besten organisieren ließen: Bald schon würde ich für verschiedene Kurse in meinem eigentlichen Beruf als Bewegungspädagogin sowie für eine Fachtagung in Deutschland sein, wäre also vor Ort.

Ende Mai brachte ich Mutter in die Klinik.

Nach achttägigem Krankenhausaufenthalt kam sie bereits nach Hause, den Kopf jedoch mit Mull verbunden. Das Rezept, das ihr der Hausarzt neben anderen Unterlagen mitgegeben hatte, klebte ich gut sichtbar an ihren Küchenschrank. Da waren einige Medikamente aufgeschrieben und darunter die außergewöhnliche, zugleich aber eindeutige Anweisung »Bücken verboten!«

Für mich hatte es in diesen Tagen ausreichend Gelegenheit gegeben, den Eltern zu helfen. Nun stand die Stunde des Abschieds bevor, mein Flug zurück nach Kalifornien war für den nächsten Tag gebucht.

Wir saßen zu dritt beim Nachmittagskaffee in der Küche. Die Erdbeertorte, die Mutter extra für diesen Anlass gezaubert hatte, stand vor uns auf dem mit weißem Tuch bedeckten Tisch. Dann plötzlich unter Tränen Mutters Worte: »Es war so schön, dass du jetzt hier warst.« Nach einer Pause fuhr sie fort: »Ich musste einmal nicht die Starke sein.«

Der Satz erreichte mich und wirkte weiter.

Der Weg zurück in neue Zeiten

Da stand ich also im Eingangsflur unseres Elternhauses. Es war der 5. September 1998.

Mein Bruder hatte mich mit dem Auto in Lübeck abgeholt und wir hatten die vierstündige Fahrt genutzt, uns in neuer Weise aneinander zu gewöhnen. Trotzdem war mir nicht klar, was er von meinen Plänen hielt.

Ich hatte mich entschlossen, zurückzukehren nach Deutschland und ins Haus meiner Eltern, um mit ihnen zu leben und sie zu unterstützen.

Im Hausflur stellte ich meine Tasche ab und schon strich mir Metaxa um die Beine. »Gleich, Taxa, gleich.« Zuerst musste ich mal die beiden anderen umarmen, die mir da aus unterschiedlichen Türen strahlend entgegenkamen. Das Ritual war so vertraut und trotzdem heute anders. Schon oft war ich hier angekommen, so oft war dann die Freude meiner Eltern groß, doch immer auch getrübt von dem Wissen: »Sie geht ja wieder fort.«

Ich beugte mich herunter, nahm meine inzwischen 14-jährige Katze auf den Arm und drückte sie fest an mich. »Metaxa, meine Süße!!!« Sie schnurrte und schien zugleich nach Luft zu schnappen. »Nein, nein, ich will dich nicht zerdrücken.«

Mein Bruder hatte meine Koffer bereits in die obere Etage getragen und ich verspürte das dringende Bedürfnis, meinen Sachen dorthin zu folgen.

»Du liebe Zeit, was ist denn hier passiert ?!« Ich hatte die Tür zu einem meiner zukünftigen Zimmer geöffnet und blickte in einen komplett neu tapezierten Raum. Auch die Türrahmen waren frisch und weiß gestrichen und alles sah so hell und sauber aus. Ich öffnete die nächste Tür: dasselbe Bild, nur eine etwas andere Tapete. Ich trat ein bisschen näher und schluckte. Nun gut, das war zwar nicht ganz mein Geschmack, doch andererseits auch nicht so hässlich, als dass ich mich gar nicht daran hätte freuen können. »Das ist ja toll«, rief ich die Treppe herunter und der Stolz meines Vaters schwappte wortlos zurück zu mir hinauf.

Mein Bruder rüstete zum Aufbruch, er wollte heim. Wir umarmten uns, diesmal ein wenig länger als gewohnt, und ich bedankte mich bei ihm. »Ja, Reinhard,« stimmte Mutter ein »hab ganz, ganz herzlich Dank, dass du uns Dorothea hergebracht hast.« Sie stand vor ihrem Sohn, nahm seine Hände in die ihren und schaute zu ihm auf. »Schon gut«, lachte er und löste sich aus ihrem Griff.

Wie gut sie aussah mit der neuen Haarfrisur! Sie war so glücklich, ohne Frage, und wirkte sehr agil und kräftig und überhaupt nicht hilfsbedürftig, ganz anders als beim letzten Mal. Ihre Gesichtsfarbe war frisch und ihre Arme, die aus den kurzen Ärmeln einer hellen Bluse zum Vorschein kamen, waren gut gebräunt. Vermutlich hatte sie in den letzten Wochen wieder viel in ihrem Garten gearbeitet.

»Deine Haare sehen toll aus! – Und von der Platte kann man gar nichts mehr erkennen, oder?« Ich bat sie, sich auf den Küchenstuhl zu setzen, und beugte mich über sie. Vorsichtig tastend ließ ich meine Finger über ihren Kopf gleiten und war verblüfft. Die Haare waren so gut wie lückenlos über die Fläche ihres Schädels gewachsen, wo die Platte eingesetzt worden war. »Das ist ja unglaublich, wie gut das alles verheilt ist!« Ich konnte zwar eindeutig eine Delle fühlen, aber sonst schien alles vollkommen in Ordnung. Sie strahlte mich an. »Ach, Liebes, ich bin ja selbst so froh!«

Ich ertappte mich dabei, dass ich meine Blicke prüfend über ihren Körper gleiten ließ. Waren die Ausbeulungen an den Schlüsselbeinen dicker geworden, besonders auf der linken Seite? »Wie geht es deinem Rücken?«, erkundigte ich mich weiter. »Och, das geht schon«, antwortete sie und merkte dann eher beiläufig an: »Den spüre ich natürlich immer mal.« Ich ließ nicht locker: »Und wann musst du das nächste Mal zum Arzt?« – »Ach, Kind ...« Sie stand auf und setzte meinen Nachforschungsversuchen ein Ende, indem sie freundlich sagte: »Nun lass uns erst mal weitermachen.« Mit dieser Äußerung gab sie mir zu verstehen, dass ihr mein Fragen lästig und sie gedanklich bereits mit dem Vorbereiten der nächsten Mahlzeit beschäftigt war. »Was möchtest du zum Abendessen?«, war ihre Frage, »ich hab noch etwas Suppe.«

Irgendwie war es mir egal, was ich an diesem Abend essen würde, eher brauchte ich ein wenig Ruhe. »Ja, Suppe und ein Brot, das reicht mir wohl für heute.« Ich wollte gern nach oben gehen, erkundigte mich aber zuvor bei Mutter, ob ich ihr etwas helfen könne. »Nein, nein, ruh du dich erst mal richtig aus. Du bist ja heute schon sehr weit gereist.« Dankbar nahm ich ihr Angebot an. Doch anstatt in die obere Etage zu gehen, verlockte es mich plötzlich, einen Rundgang durch den Garten zu machen.

Mein besonderes Interesse galt dem Gemüsegarten. Wie sehr meine Mutter alles in Ordnung hatte! Beim Anblick all ihrer Beete mit Buschbohnen, Porree, roter Beete, Salat, Kräutern, Zucchini und vielem anderen gesunden Grünzeug regte sich zunächst meine Bewunderung, dann Unbehagen. Hatte sie das alles tatsächlich alleine beackert? Ich wurde wütend. Hatte sie denn keine Ahnung, wie es um sie bestellt war, dass ihre Knochen längst befallen waren von der Krankheit und dass sie sich doch besser schonen sollte?

»Das Rasenmähen kann ich ja jetzt übernehmen«, merkte ich später am Abendbrottisch an. »Oder ist Eberhard dann sauer?« Ich wollte dem Nachbarn, der diese Aufgabe in den letzten Monaten regelmäßig ausgeführt hatte, keineswegs zu nahe treten. Zugleich hatte ich bereits begonnen, intensiv nach sinnvollen Tätigkeiten in diesem Hause Ausschau zu halten. »Und wie machen wir das mit dem Einkaufen?«, erkundigte ich mich als Nächstes. »Was braucht ihr denn in nächster Zeit?«

»Das können wir ja morgen früh besprechen«, schaltete sich mein Vater plötzlich deutlich vernehmbar ein. Seine Stimme war dabei um einiges klarer, als ich es von ihm kannte. Ich wurde das Gefühl nicht los, dass er etwas ganz Besonderes mit mir zu besprechen hatte.

Meine Mutter drehte sich um und warf einen Blick auf die Uhr an der Wand hinter ihr. »Wenn wir noch die Tagesschau mitbekommen wollen, müssen wir jetzt Schluss machen.« Und ohne einen Kommentar unsererseits abzuwarten, stand sie auf.

»Geht ihr nur rauf, ich räume in der Zeit ab«, ergriff ich die Gelegenheit. »Meinst du wirklich? Willst du nicht mit uns Nachrichten gucken?« »Nein, wirklich nicht. Geht ihr nur rauf!« Ein wenig zögerlich und mit fragendem Blick stellte Mutter die Quarkschachtel, die sie schon in der Hand hielt, zurück auf den Tisch. »Wenn du meinst. Dann komm, Heinrich!«, und die beiden zuckelten los, nach oben in ihr Fernsehzimmer.

»Na, Metaxa, was meinst du? Kriegen wir das hier zusammen hin?«, fragte ich die Katze, die zusammengerollt in ihrem Korb unter der Heizung lag. Außer, dass sie kurz aufschaute, sich leicht räkelte und dabei ein leises Geräusch von sich gab, schien sie das, was ich sagte, nicht weiter zu interessieren. Ich deckte den Tisch ab, stellte die Lebensmittel an ihren jeweiligen Platz in Küche und Speisekammer und ließ das schmutzige Geschirr in einer dafür vorgesehenen Schüssel neben dem Spülstein stehen. Zum Abwaschen hatte ich jetzt wirklich keine Lust. Gern würde ich Marty anrufen ... Ein Gedanke durchfuhr mich wie ein Blitz: das einzige Telefon dieses Hauses befand sich, fest installiert, in Vaters sogenanntem Labor, dem kleinen Zimmer, in dem er sich fast permanent aufhielt, außer zu den Mahlzeiten oder abends nach 22.00 Uhr. Meine Gedanken begannen zu kreisen, einer zog den nächsten nach sich: Was also, wenn ich ungestört telefonieren wollte? Und die Kosten? Besonders für Telefonate in die USA? Wo Vater doch so sparsam war. Wer würde dafür zahlen, wie würden wir die Abrechnungen regeln? Wie sollte das überhaupt werden mit den Finanzen? Würde es mir gelingen, meinen eigenen kleinen Haushalt zu haben? Aber wo und wie? Auf der oberen Etage gab es zwar genügend Zimmer, aber keinerlei Küche, ich würde mir da also etwas zurechtbasteln müssen, mit Kochplatten und Schüsseln oder in dem Zimmer, in dem ein Waschbecken war, aber das sollte doch mein Schlafzimmer werden, da standen auch schon ein Bett und eine Kommode drin ... Ich unterbrach mich selbst und holte Luft. Erst einmal Marty anrufen! Ich nutzte die Gunst der Stunde und Vaters leeres Arbeitszimmer und wählte unsere Nummer in Santa Cruz.

»Dies ist der automatische Anrufaufzeichner von Marty Kirkman und Dorothea Jöllenbeck-Kirkman«, sagte meine eigene Stimme am anderen Ende auf Englisch. »Nein, nein, nein, das stimmt nicht mehr!«, wollte ich in den Hörer rufen. Doch stattdessen hinterließ ich Marty ein »Gute Nacht« und »Have a wonderful day«.

»Ich gehe bald ins Bett«, eröffnete ich meiner Mutter, als die beiden kurz darauf herunterkamen. »Möchtest du noch etwas?«, fragte sie und fügte im gleichen Atemzug hinzu: »Ich mache dir noch einen Tee, für deine Erkältung.« – »Ich glaube, ein Tee gegen meine Erkältung wäre da schon besser.« Ich musste plötzlich schmunzeln. Sie war so unwahrscheinlich aufgekratzt und fröhlich. Mit einem Schlage war mir klar, dass alles ganz anders kommen würde, als ich es mir allein von Ferne ausgemalt hatte.

»Ich komme gleich noch einmal runter«, kündigte ich in Abänderung meiner ursprünglichen Absicht an, nahm mir den heißen Tee mit hinauf und machte mich daran, wenigstens meine Reisetasche, in der die Toilettensachen waren, auszupacken. Schrankplatz würde ich brauchen, für Hosen, Wäsche und Pullover. Ich öffnete die Tür zum nächsten Zimmerchen und sah den kleinen weißen Kleiderschrank. Oje! Darin hingen einige alte Kleiderschätzchen meiner Großtante und auch der beiden Omas, ein weißer Arbeitskittel meines Vaters, verschiedene Bademäntel anderer inzwischen verstorbener Vorfahren und der neue Morgenmantel meiner Mutter. Den hatte sie nach ihrem letzten Krankenhausaufenthalt wohl wieder beiseite gehängt und weiterhin den alten selbstgenähten benutzt.

Ich schloss die Schranktüren und sah mich in dem Zimmer um. Es glich eher einem Abstellraum in Sachen Möbel, Bettzeug und Diverses. Ich ließ mich auf der unter der Dachschräge abgestellten blauen Couch nieder. Die hatte schon damals zu meinem Jugendzimmer gehört. Noch immer fand ich sie bequem und praktisch. Sie ließ sich zum Schlafbett auseinander klappen. Die würde ich in meinem neuen Wohnzimmer hier oben sicherlich behalten. Doch noch hatten die Wände in diesem Raum die Farbe nicht gewechselt. Mich schauderte beim Gedanken daran, dass ich das Hell- und Dunkelbraun früher einmal schön gefunden hatte.

Ein klitzekleines Zimmer schloss sich an und dann ein weiteres, alle drei lagen an der zur Straße gelegenen Seite. Keines davon war in den letzten Jahren bewohnt gewesen.

Meine Erinnerungen schweiften zurück und ich versuchte zu ordnen, wer wann in welchem Zimmer gelebt hatte. So ganz bekam ich's nicht zusammen, aber es tauchten Bilder auf von Tante Änne, Omi Harle, Mieken, Oma Werther, Tante Frieda. Sie alle hatten hier gelebt. Die einen waren schon Teil unserer Großfamilie gewesen, als ich geboren wurde, die anderen hatten später hier ihre letzten Jahre verbracht. Gestorben waren sie alle in diesem Haus, meine Mutter hatte sie betreut und bis zum Tod begleitet.

Ich setzte meinen Rundgang fort und gelangte in das ehemals elterliche Schlafzimmer, in dem zwar immer noch zwei Betten nebeneinander standen, von denen aber nur das eine von Mutter benutzt wurde. Nachdem ich den kleinen dunklen Flur überquert hatte, trat ich in die jetzt als Fernsehzimmer genutzte Stube und schob die Tür zum dahinterliegenden Raum auf. Obwohl dies inzwischen das Schlafzimmer meines Vaters geworden war, war alles wie ehedem: Bettgestell, Nachtschränkchen und Kleiderschrank hatten ihren hell-lindgrünen Anstrich behalten und die farblich dazu passende gläserne Deckenlampe gab immer noch ihr dumpfes Licht. Die Kacheln vortäuschende, ebenfalls grüne Folie rund um das Waschbecken war inzwischen sehr verblichen und begann sich an den Ecken von der Wand zu lösen. Es reizte mich, sie abzuziehen. Vater hatte die Heizung in diesem Zimmer bereits auf »4« gestellt und mich befiel ein unausweichliches Gefühl von Enge. »Hier kriegt man ja fast keine Luft!«, dachte ich bei mir und verließ den Raum. Die Türe ließ ich leicht angelehnt. Mein Blick fiel auf das monströse Fernsehgerät und wieder wurde mir schlagartig bewusst: Dies war der einzige Fernseher im Hause und der befand sich unmittelbar neben Vaters Schlafzimmer! Und Vater ging spätestens um 22.00 Uhr ins Bett. Na prima! Ich ließ mich auf dem roten Plüschsofa nieder, schloss die Augen und horchte in die Stille. Nur noch wie aus weiter Ferne hörte ich hier die auf der anderen Seite des Hauses vorbeifahrenden Autos. Eher wie ein leises Rauschen drang die Ahnung des sonst so störenden Straßenverkehrs an mein Ohr. »Eindeutig der ruhigste Raum hier«, dachte ich, stand auf und ging dahin zurück, wo ich meine kleine Abendexkursion gestartet hatte. Ich legte Zahnbürste, Zahnpasta und Creme bereit, holte mir aus Mutters Schrank zwei Handtücher und hängte sie neben dem Waschbecken in meinem zukünftigen Schlafzimmer auf. Das musste für den Anfang erstmal reichen.

Das Bild, das sich mir bei meiner Rückkehr unten im Wohnzimmer bot, war überaus idyllisch: Mutter saß in dem großen roten Sessel in der Nähe des Fensters, auf der Armlehne war ein orangefarbenes Frotteetuch ausgebreitet, darauf lag – oder besser: thronte – die Katze, von Mutter mit der rechten Hand gestreichelt. Ihre Handarbeit hatte sie auf dem Tisch abgelegt, Stricken und Streicheln, das ging nun mal nicht zugleich und auch das Zeitunglesen war aus ebendiesem Grunde bereits beendet.

Ich zog mir den Klavierhocker etwas näher an den Tisch und saß nun meinem Vater direkt gegenüber. Er hatte auf dem Ecksofa, nah an Mutters Sessel, Platz genommen, die Leselampe stand zwischen den beiden und das Kalenderblatt des heutigen Tages hatte er schon vor sich auf den Tisch gelegt. Das jetzt bevorstehende abendliche Ritual war mir von meinen Besuchen hinlänglich bekannt.

»Willst du heute für uns lesen?«, fragte mich Vater, »ich fühle mich doch ziemlich schwach.« Ich nickte, nahm den dünnen Zettel an mich und las. Als ich am Ende angekommen war, fügte Mutter ein Tagesabschlussgebet an. Sobald sie ihr »Amen« gesprochen hatte, bedurfte es lediglich eines kurzen »Taxa! Hopp!«, und die Katze sprang, nach kurzem Zögern, von ihrem Platz und machte sich auf den Weg zur Kellertür, ihrem Nachtlager entgegen. Inzwischen war es kurz vor 22.00 Uhr.

Auch ich verabschiedete mich und machte mich bettfertig für die Nacht. Noch lange lag ich wach mit der Erkenntnis, dass mein Schritt zurück in dieses Haus ein mindestens so großer war wie der, den ich vor viereinhalb Jahren in die entgegengesetzte Richtung getan hatte.

Bereits am nächsten Morgen nach dem gemeinsamen Frühstück eröffnete mir mein Vater, dass er sich nach einem Auto für mich umgesehen habe. Eine mir ungewohnte Fröhlichkeit ging von ihm aus und während er die Details verkündete, blickte mich Mutter erwartungsvoll und strahlend von der Seite an: »Es ist ein kleiner blauer Polo, zwei Jahre alt und gut gepflegt«, beschrieb Vater seinen Favoriten. Er sei auch schon mehrfach zum Autohaus gegangen und habe mit dem Mitarbeiter dort gesprochen. Wie ich später erfuhr, war das die Sensation der Straße gewesen: der alte Heinrich Jöllenbeck beim Autokauf! Er war inzwischen 84 und hatte selbst nie ein Auto besessen. Die Eltern gingen zu Fuß und benutzten Bus und Bahn.

»Du musst ja auch beweglich sein und wenn du Besorgungen für uns machst, geht das wohl kaum ganz ohne Auto«, begründete Vater sein Vorgehen. Wie es seine Art war, hatte er die Angelegenheit eingehend bedacht, sichtlich bemüht, alles Erdenkliche für meinen guten Start in Werther zu tun.

Noch am selben Nachmittag machten wir uns zu Fuß auf den Weg, um das Auto zu besichtigen. Auf den ersten Blick machte der Wagen tatsächlich einen guten Eindruck. Doch dann bemerkte ich, dass er nur zweitürig war. »Das ist nicht wirklich praktisch«, versuchte ich Vater klarzumachen. Wir brauchen ein Auto mit vier Türen, »vor allem, wenn wir alle drei zusammen los wollen.« Ich stieß auf taube Ohren. »Nein,

nein, ich komm da ganz gut rein.« Auf meinen nächsten Einwand, dass sich Muttis körperlicher Zustand vermutlich nicht verbessern würde, ging er auf seine Weise ein: »Dann sitze ich eben hinten.« Nun denn!

»Das Auto ist sehr schön«, tat ich abschließend meine - um die zwei Türen beschnittene - Meinung kund und ließ Vater seine Zufriedenheit in aller Form genießen. Er war es auch, der dann bezahlte.

Dieses sollte nicht die einzige Neuanschaffung bleiben, die in den darauffolgenden Wochen zu tätigen war. Nur allzu rasch zeigte sich, dass ich dringend einen Computer brauchte, dass ein Faxgerät vonnöten war und dass es mit der gegenwärtigen Telefonsituation im Hause auf keinen Fall so weitergehen konnte. Auch wenn es nicht ganz ohne die von Vater gestellte »Ist das denn wirklich nötig?« -Frage abging, wurde auf mein Drängen hin die Neuerung eines zusätzlichen Telefonanschlusses erstaunlich rasch in die Tat umgesetzt.

Der ausrangierte Computer der Nachbarin half mir über die ersten Runden meiner Schreibarbeiten, meine Freunde in Freiburg hatten ein Faxgerät abzugeben. Beide Apparate fanden ihren neuen Platz in unserem Haus. Sorgen bereitete mir lediglich der Gedanke, dass mich einige Menschen eventuell zu einer Tageszeit anrufen oder anfaxen könnten, zu der beide Eltern bereits schliefen oder schlafen wollten. »Da mach dir mal nicht zuviel Sorgen«, beruhigte mich Mutter und nutzte die Gelegenheit, auf ihr in letzter Zeit zunehmend nachlassendes Hörvermögen hinzuweisen.

Und Vater kam von selbst auf die Idee, zumindest eine der beiden vor seinem Schlafzimmer befindlichen Türen zuzumachen. »Dann wird es sicher gehen.« Ich war erstaunt und auch berührt. Bei aller Festgelegtheit inmitten dieser seit Ewigkeiten bestehenden Gewohnheiten meinte ich, eine gewisse Aufmerksamkeit, Wachheit und Behutsamkeit zu entdecken. In den ersten Wochen und Monaten fühlte sich das gerade begonnene »Projekt« noch zart und schonungsbedürftig an. Ohne ein Wort darüber zu verlieren, gingen wir entsprechend vorsichtig miteinander um.

In der oberen Etage des Hauses hatte ich mich inzwischen in mehreren Zimmern eingerichtet und fühlte mich dort wirklich wohl. Mein Lieblingsplatz war der Schreibtisch. Von dort aus hatte ich den Blick auf unseren Garten und weiter über die Wiese und das Feld bis hinauf zum nächstgelegenen Bauernhof. Und es war herrlich ruhig in diesem Raum, vor Straßenlärm war ich dort sicher. Lediglich den Geräuschen des Hauses konnte ich mich nicht entziehen.

Immer wieder war ich in letzter Zeit durch alle Zimmer, über den Dachboden und durch die Kellerräume gewandert, hatte überall gestöbert und die Gegenstände zusammengesucht, die mir für meine vier Wände brauchbar und geeignet erschienen. Nein, kaufen wollte und brauchte ich nichts, hier war genug vorhanden, auch wenn das meiste vielbenutzt und ziemlich aus der Mode schien.

Sogar eine kleine Teeküche hatte ich mir eingerichtet. Das gab mir das Gefühl von Unabhängigkeit und »eigener Wohnung«. In der Realität allerdings mischten sich die Leben und ich wusste nicht, was ich tatsächlich davon halten sollte.

Ich würde mich so gerne kümmern!

Ich beobachtete mich mit großer Wachsamkeit, versuchte aufmerksam dafür zu sein, wie sich die Gewohnheiten und Regeln dieses Hauses auf mich auswirkten und in welche Muster ich verfiel. Ich wollte herausfinden, wer von uns welche Aufgaben, Rollen und Funktionen übernahm. Um keinen Preis – das hatte ich mir fest geschworen – wollte ich mich in die Logik der Eltern einbinden, geschweige denn mich einverleiben lassen. Ich wollte auf der Hut sein.

Und doch saß ich jeden Morgen aufs Neue mit meinen beiden Eltern am Frühstückstisch. Und immer wieder hörte ich meine Mutter ihr »Dorothea! Wir können essen!« von unten zu mir hinaufrufen. Ein etwas in die Länge gezogenes »Jaha« meinerseits war die Antwort und oft fügte ich ein »Ich komme gleich« hinzu. Meist war ich gerade mit etwas anderem beschäftigt und darum bemüht, meinen Gedanken noch zu Ende zu bringen. Wenn ich unten ankam, fand ich schon beide am Tisch sitzend vor. »Wir haben schon mal angefangen.« »Entschuldigung«, murmelte ich, setzte mich an meinen Platz, verzichtete aufs Tischgebet, füllte mir auf und nahm den ersten Bissen. Ich hatte die Angewohnheit entwickelt, dabei einen ganz besonderen Ton, so etwas wie ein grunzendes »Hmm« von mir zu geben. Mutter liebte dies und freute sich: »Das höre ich so gern. Es ist so schön, dass es dir schmeckt«, erklärte sie dann jedes Mal aufs Neue. Ja, in der Tat: Mir schmeckte meist, was sie gekocht, gebacken und gebraten hatte. Und doch kam oft der nagende Gedanke: »Das sollte doch ganz anders sein. Sie hat die ganze Arbeit und ich lasse mich von ihr bedienen.«

»Willst du schon mal ein Schlückchen?«, kam Mutters Frage mir entgegen, wenn ich nach einer kurzen Mittagspause die Küchentür öffnete und meinen Kopf zu ihr hereinsteckte. Fast immer beantwortete ich ihre Frage mit einem »Ja«.

Sie hatte schon ein kleines Kännchen Kaffee gekocht und meist holte sie irgendeine Süßigkeit hervor. Nachdem sie selbst ein Stückchen davon genommen hatte, schob sie diese ein wenig mehr in meine Richtung. »Nimm du mal noch. Ich soll ja nicht so ganz viel Süßes essen.« Für mich war dies oft Anlass, sie nach ihrem aktuellen Befinden zu fragen.

Wir hockten beieinander, in ihrer Küche, zwischen Eckbank, Küchentisch und Spülstein und erlebten dies als sehr besondere Momente.

Doch meist drängte es meine Mutter zum »Weitermachen«. Ein wenig später, um 16.00 Uhr würde es dann ja »das richtige Kaffeetrinken« - wie sie es immer nannte - geben. »Mit Vater«, fügte sie hinzu.

Zu meinem eigenen Erstaunen stellte ich fest, dass ich bereits in den ersten Wochen meines Aufenthaltes in der neuen alten Heimat etliche berufliche Aufträge zu erledigen hatte. Noch im September gab ich einen Kurs in Schleswig-Holstein und flog für Flugbegleiterinnen-Trainings nach Frankfurt. Ende Oktober unterschrieb ich den Vertrag für einen Beitrag in einem medienpädagogischen Fachbuch und bereitete eine Unterrichtsreise mit einer hawaiianischen Tänzerin in Deutschland vor.

Meine Eltern nahmen höchst interessiert Anteil an meiner Arbeit und ich erzählte ihnen gern von meinem Tun und meinen Plänen.

Ich war froh. Manchmal durchzog mich ein tiefes Glücksgefühl und eine Gewissheit ganz besonderer Art. Und doch war alles auch wieder ganz anders. Da ärgerte es mich plötzlich maßlos, wenn meine Mutter im Gespräch die Dinge so darstellte, als wäre ich »hier viel besser aufgehoben als in den USA«, als könnte ich in Deutschland viel mehr und interessantere Tätigkeiten in meinem Arbeitsfeld finden und als wäre all das der Grund meines Zurückkommens gewesen. Das ärgerte mich, selbst wenn sie damit Recht gehabt hätte. Ich war gekommen, um mich zu kümmern, und zwar um sie! Doch das schien ihr nicht einzuleuchten, sie war ja noch so gut dabei.

Umso mehr war ich bemüht, Dinge zu erledigen, die die Eltern schon seit Langem mal machen oder gemacht haben wollten, wie z.B. Besorgungen, die ohne Auto nicht möglich waren, oder Unternehmungen, für die sie niemand Fremden bitten wollten. Da fand ich es ganz wunderbar, mit Mutter einen Besuch bei einer entfernt lebenden Verwandten zu machen oder gemeinsam zu einer Aufführung eines – von meinem Bruder geleiteten – Musiktheaterprojektes zu fahren. Ich liebte es, große Stapel Altpapier zum Recyclingcontainer zu bringen, Vater zum Ohrenarzt zu begleiten und den Kartoffelvorrat im Keller aufzufüllen.

Wie sehr ich es genoss, wenn Mutter einen Wunsch äußerte, und wie sehr ich darauf wartete, ihr etwas abzunehmen, ihr Leben zu erleichtern und damit mein Kümmern endlich und richtig zu beginnen.

Noch immer hatte ich meinen Platz und meine Aufgabe in diesem »Projekt« nicht wirklich gefunden. Gelegentlich erschien mir unser Leben wie ein Puzzle: die Teile waren alle da und hier und da gab es schon Stücke eines Bildes, doch viele Puzzleteilchen lagen noch herum und wollten überhaupt nicht richtig passen. Immer, wenn mich dieser Eindruck überkam, fand ich es hilfreich, mich in meine Räumlichkeiten zurückzuziehen und mich mit etwas zu beschäftigen, das mir Eindeutigkeit verlieh.

Unmittelbar angrenzend an mein Arbeitszimmer befand sich das Bad, die »Badestube«, wie dieser Raum gelegentlich noch hieß. Unfreiwillig wurde ich oft Zeugin dessen, was sich dort ereignete und auch wenn mich die eheliche Beziehungsdynamik meiner Eltern eigentlich nichts anging, ärgerte es mich dennoch, dass Vater jeden Morgen und jeden Abend die Dienste meiner Mutter in Anspruch nahm. Sie half ihm aus dem Bett, beim Waschen und Ankleiden am Morgen und bei denselben Verrichtungen in umgekehrter Richtung dann auch am Abend. »Das kann ich nicht allein. Ich fühle mich zu schwach«, war Vaters einfache Begründung und damit war der Fall erledigt. Ich gab klein bei und übte mich in Toleranz, so gut es ging.

Ein anderes schwieriges Thema spiegelt sich in einer Tagebuchnotiz aus jener Zeit:

Ich schrieb: »Die Allgegenwart der Eltern – keine Privatsphäre. Das macht mich wahnsinnig. Ich habe keine Chance, mich dem Zugriff meines Vaters zu entziehen. Es ist gar nicht mal so, dass meine Eltern dauernd da sind, aber sie haben die Möglichkeit dazu. Vielleicht muss ich dazu übergehen, meine Türen abzuschließen. Dass Vater es nicht möchte, dass ich bei ihm anklopfe, bevor ich sein Zimmer betrete, ist ja seine Entscheidung. Ich würde das gern tun und würde mich damit sehr viel wohler fühlen, anstatt einfach so einzutreten. – Und dann sein permanentes Fragen unter dem Vorwand des Sich-Sorgens.«

So wenig es mir zu gelingen schien, mich von den Eltern abzuschotten, so heilig war mir meine Privatsphäre bezüglich meiner eigenen Ehe. Marty und ich telefonierten regelmäßig, schrieben uns Briefe und später E-Mails. Das, was uns beide und die Qualität unserer Beziehung betraf, ging meine Eltern gar nichts an. Darin blieb ich sehr konsequent und schützte dies als meine eigene Bastion.

Das Umsorgt-Werden blieb schwierig. Mein Tagebuch verrät: »Ich weiß jetzt, was es ist, das mich an meiner Mutter manchmal so sehr nervt: das So-Umsorgen, dass ich nichts mehr selbst zu tun brauche, ja kann. Eine Art Entmündigung ganz eigener Natur. Gepaart mit einer Art Opportunismus, einem Es-recht-machen-Wollen. Fürchterlich. Soll ich es ihr nehmen? Es ist ihr Glück, ihr Lebensinhalt, ihr Lebensmuster. Und sollte ich nicht lieber danach hinsehen, dass sie glücklich ist in ihren letzten Jahren, anstatt sie noch verändern zu wollen?«

»Oder hat es mit Konkurrenz zu tun? Welche von uns beiden Frauen kann besser sorgen? Als es meiner Mutter so schlecht ging, war ich voll in meinem Element. Und umgekehrt ist es wohl auch so.«

Meinen Eltern mitzuteilen, dass ich in Zukunft alleine oben in meinem Zimmer zu frühstücken gedachte, schien mir eine kaum zu bewältigende Aufgabe.

Die ersten Monate des Zusammenlebens wurden für mich zu einem überaus harten Persönlichkeitstraining. Imer wieder tauchten neue Themen auf, Gefühle schienen Besitz von mir zu ergreifen und zugleich auf Klärung zu warten, Altes vermischte sich mit Gegenwärtigem. Ich fühlte mich unfrei, musste um meine Grenzen kämpfen. Der schweren Grippe, unter der ich seinerzeit litt, schrieb ich auch eine seelische Komponente zu. Ich fühlte mich durchgerüttelt, von Kopf bis Fuß erschüttert, lag mit hohem Fieber im Bett und meine Mutter pflegte mich, wie früher.

Weswegen war ich hierher gekommen? Die Frage ging

nicht weg. Sie drehte sich in meinem Kopf und machte das Kümmern meiner Mutter unerträglich.

Ob es das Schwitzen oder aber die viele Zeit war, die ich im Zuge meines Krankseins zur Verfügung hatte, auf alle Fälle war das Ganze reinigend. So sehr ich in den Tagen meines Daniederliegens gelitten hatte, so klar und innerlich gekräftigt fühlte ich mich, als ich aus meinem Krankenzimmer wieder hervorkam. Ich stand vor meinem Schreibtisch und blickte aus dem Fenster. Mutter war im Garten und hing die Wäsche auf. Es war ein klarer, sonniger Frühlingstag. Ich zog mir etwas Warmes an und ging hinaus. Mutter war fast fertig und ich reichte ihr noch die letzten Teile an. Dann hielt ich ihr meinen Arm hin und wartete, bis sie den Klammerbeutel an den Pfosten gehängt hatte. Sie hakte sich bei mir ein und gemeinsam wanderten wir den Garten weiter hinunter. Wir schauten, planten und berieten, was hier und da zu tun sei, es juckte uns wohl beiden in den Fingern.

Da stand ich neben meiner Mutter und konnte es noch nicht recht glauben: Ich fühlte mich befreit, ja fast beschwingt, als wäre diese düster-dunkle Last ganz einfach von mir abgefallen, als hätten sich die festgezurrten Schnüre in mir aufgelöst. Dafür hatte es nur einer einzigen Erkenntnis bedurft und diese war mir zugeflogen. Es war der plötzliche Gedanke: »Für Mutter ist es eine Freude, mit mir zu sitzen und zu sein, für mich zu sorgen.« Als wäre der Schleier weggezogen worden, hatte dieser kurze Geistesblitz mein bisheriges inneres Knäuel gelöst und einem klaren Wissen Platz gemacht: Mein Kümmern hier bestand – zumindest jetzt in dieser ersten Zeit – ganz einfach darin, dass ich da war, so wie ich war, mit allem, was das mit sich brachte.

Ich war kuriert und das nicht nur von meiner Grippe.

Als heilsam sollte sich mein innerer Aufruhr auch noch in anderer Form erweisen. Bisher war ich bemüht gewesen, die Eltern irgendwie zu schonen. Jetzt hatte meine eigene innere Klärung unversehens die Türen für eine ehrliche Auseinandersetzung mit ihnen geöffnet. Dabei sollte es vor allem um ganz lebenspraktische, alltägliche Dinge gehen.

Es mag unglaubhaft klingen, aber bis zu dem Zeitpunkt wusste ich noch immer nicht, wie die Waschmaschine funktionierte. Jeden Montagmorgen hatte Mutter ihren Kopf in meine Tür gesteckt und gerufen: »Wenn du noch was zu waschen hast ...« Dass sie damit nicht nur meine Kleidungsstücke zur Reinigung abholte, sondern auch unmittelbar Zugriff zu mir und meinen Angelegenheiten hatte, das wurde mir erst jetzt bewusst. Und auch, wie sehr mich dies störte.

Ich wollte mich nicht länger nur bedienen lassen. Ich wollte eine gerechtere Aufteilung der Hausarbeiten, auch war es für meine innere Ruhe wichtig, meinen Teil an der Telefonrechnung zu bezahlen und nicht mehr länger sklavisch in eine durch Essenszeiten vorgegebene Tagesstruktur eingepfercht zu sein.

Um dies alles anzusprechen und zu klären, hatte ich erstmalig eine Art »Hauskonferenz« einberufen. Wir hatten gemeinsam Kaffee getrunken und ich war bemüht, mein Anliegen so behutsam wie möglich einzuleiten. Ich wollte und musste vermeiden, dass sich die Eltern kritisiert fühlten. Nur allzu schnell hätte es passieren können, dass meine Mutter eine ehrliche Auseinandersetzung mit den beleidigten Worten »Ich weiß ja, dass ich immer alles falsch gemacht habe« im Keim erstickt hätte. Ich kannte sie an diesem Punkt sehr gut.

So kramte ich mein pädagogisches Fachwissen hervor und war bemüht, von mir und meinen Störungen, aber auch von meinen Wünschen an unser weiteres gemeinsames Leben zu sprechen.

Und siehe da, es schien zu klappen! Natürlich war meiner Mutter eine gewisse Enttäuschung darüber anzumerken, dass ich fortan nicht mehr alle Mahlzeiten mit meinen Eltern gemeinsam einzunehmen gedachte. Auch hatte sie Mühe, einzuwilligen, dass ich zukünftig mittags nach dem Essen die Küche aufräumen und den Abwasch übernehmen wollte. »Und ich soll mich dann hinlegen?« Ungläubig schaute sie mich an. »Ja, meine Liebe, das sollst du. Zumindest immer, wenn ich hier bin.« Und Vater nickte beipflichtend: »Ja, das mach mal ruhig.«

Es hatte funktioniert und wir beschlossen, diese Art klärender Gespräche auch weiterhin zu praktizieren.

Natürlich sollte sich mit unseren gelegentlichen familieninternen Kommunikationstrainings nicht die ganze Jöllenbeck'sche Interaktionswelt verändern. Bei weitem nicht! Und doch trug diese neue Gesprächskultur ganz wesentlich zum besseren Gelingen des »Projektes« bei. Es hatte sogar den Anschein, als verlören alte Muster, Vermutungen und Ängste an Wirksamkeit und gaben Ehrlichkeit und Toleranz den Vorrang. Auch das war durchaus harte Arbeit.

Später, als Mutter nicht mehr lebte, nannte ich derartige Besprechungen mit Vater »Audienz« und immer, wenn ich ihn um eine solche bat, war klar, dass wieder einmal etwas anlag. Auch er bat mich gelegentlich um eine solche.

An eine Situation erinnere ich mich besonders gut: Irgendetwas war vorgefallen und ich war ziemlich sauer auf Vater gewesen. Relativ wortkarg war ich an ihm vorbei die Treppe hinauf in mein Arbeitszimmer gegangen. Ungefähr eine Viertelstunde war verstrichen, als ich Vater unten an der Treppe herumlaufen und dann nach mir rufen hörte, mit kräftigerer Stimme als sonst. Ich ging hinunter und stand vor ihm und weil ich mich noch immer ärgerte, fiel meine Frage dementsprechend kurz aus: »Was ist?« – »Ich habe das Gefühl, dass zwischen uns etwas nicht stimmt. Ich möchte gern darüber reden.« Allein die Geste, dieser Satz war schon genug, mich wieder zu versöhnen. Dann setzten wir uns miteinander hin und sprachen in aller Ruhe über das, was vorgefallen war. Ich war erstaunt, stolz und glücklich und wusste plötzlich, dass auch alte Eltern, vielfach Inbegriff von Unveränderlichkeit, durchaus Neues lernen und sich verändern können.

Dies alles waren Riesenschritte in einem Haus, in dem Konflikte niemals wirklich angeschaut, benannt, geschweige denn bearbeitet worden waren. Anlässe hätte es genug gegeben. Doch alte Rollenvorstellungen und christlich geprägtes Harmoniebestreben führten damals Regiment und ließen, besonders in den Zeiten, als »Oma Werther«, die Mutter meines Vaters, noch den Haushalt führte, den »klaren Worten« keine Chance. Streitigkeiten wurden oft genug mit einem »Wir wollen uns doch lieb haben« glattgebügelt. Wussten oder konnten meine Eltern es damals nicht besser? Vielleicht beides. Und trotzdem blieb und bleibt es mir ein Rätsel, wie alle Hausbewohner sich täglich mehrfach zum gemeinsam Essen um den Tisch versammeln konnten, während darunter zugleich die unguten Gefühle ihr Spiel trieben. Besonders meine Mutter hatte darunter gelitten, das wusste ich. Sie fügte sich jedoch und sagte nichts, verstummte diesbezüglich mehr und mehr. »Nur stille, stille, stille sein« hatte sie sich ausdrücklich zum Leitmotiv gemacht, die Kämpfe trug sie stattdessen in ihrem Inneren aus.

Die etwas andere Medizin

Im Zusammenleben mit den Eltern kamen mir nicht nur meine langjährigen gruppenpädagogischen Erfahrungen zugute, sondern auch die Prinzipien des Körperlernens, etwa das des »Führens und Folgens« – wie beim Tanzen. Unwillkürlich flossen sie in unser Miteinander ein und machten den Prozess zu dem, was er letztendlich war: lebendig und nicht immer einfach.

»Ach so«, hörte ich jemanden sagen, »Sie haben Ihre Eltern jetzt bei sich?« Nein, falsch. »Sie wohnen also bei den Eltern?« Das stimmte wohl schon eher, obwohl ... »Ich glaube, ich wohne mit den Eltern.« Das war die richtige Version. »... und sie mit mir«, fiel mir noch ein.

Bereits Ende des Jahres 1998 waren mir Informationen über eine neue Einrichtung in Bad Salzuflen, das Internationale Zentrum für Frauengesundheit, in die Hände gefallen. Ich hatte mich mit der Geschäftsführerin der Institution in Verbindung gesetzt und mein Interesse an der Mitarbeit an einem der Projekte, der FrauenBewegungsKur, bekundet. Seither beschäftigte ich mich mit grundlegenden Gedanken frauenspezifischer Gesundheitsversorgung und Prävention. »Frauen brauchen eine andere Medizin«, lautete das zentrale Motto. Sowohl die Ergebnisse wissenschaftlicher Untersuchungen als auch praktisch-konzeptionelle Überlegungen überzeugten mich von der Richtigkeit dieses Ansatzes. Dass ich das Thema zugleich hautnah im eigenen Hause hatte, wurde mir erst etwas später klar. Bereits als es unserer Mutter noch recht gut ging, war ich herausgefordert, sie auf dem Weg durch ihre Erkrankung zu begleiten. Dabei war mein Anspruch, nicht nur das zu befolgen oder auszuführen, was der Arzt gerade gesagt und verordnet hatte, sondern mit ihr gemeinsam zu überlegen und zu entscheiden, was in jedem einzelnen Fall das Richtige für sie sei. Das hieß, sie bei der Hand zu nehmen und einerseits zu führen, doch ihr dabei zugleich zu folgen, denn schließlich ging es ja um sie.

Da waren zum Beispiel die Medikamente, die meiner Mutter anstelle einer Chemotherapie verschrieben worden waren, ein etwas sanfteres Präparat auf hormoneller Basis. Sie hatte zwar eingewilligt, die Tabletten regelmäßig einzunehmen, doch war nicht zu verkennen, wie sehr sie sich zugleich dagegen sträubte. Jeden Abend, wenn Vater ihr die Tablette neben den Teller gelegt hatte, schaute sie sie stumm einen Moment lang an, griff danach und kommentierte den Weg der Hand zum Mund mit einem »Dieses teure kleine Scheißding«.

Einmal abgesehen davon, dass ich das sogenannte S-Wort aus dem Mund meiner Mutter bisher eher selten oder nie vernommen hatte, wunderte mich ihr Verhalten und machte mich zugleich auch ratlos. »Ist das denn nicht die sanfteste Möglichkeit der Behandlung?«, versuchte ich sie fragend zu ermuntern. Natürlich konnte ich Mutters Abneigung gegen jede Art von Medikamenten verstehen. Seit ich denken konnte, hatte sie zu den Ökogärtnern, Reformhauskundinnen, Schrotsuppenkochern und Vollkornbroteinkäuferinnen unseres kleinen Heimatortes gehört. Natürlich und gesund, mit Möhrensaft und roter Beete, mit morgendlicher Kruskasuppe und frisch geerntetem Gemüse waren auch wir Kinder aufgewachsen. Mutters Garten hatte nie eine Krume Kunstdünger oder irgendeine Chemikalie gesehen und der selbstan-

und umgesetzte Kompost wurde jedes Frühjahr großzügig über die Beete verteilt.

Und jetzt? Als der Arzt meiner Mutter zur Eindämmung des Tumorwachstums ein neues und etwas stärkeres Mittel verschrieb, saß sie ratlos da und weinte. »Was soll ich denn bloß machen?« Ich nahm ihre Hand, ich wusste auch nicht recht, was tun. Wieder einmal mussten wir neu abwägen, womit es ihr am besten ginge. Natürlich galt es, dabei auch die rein medizinischen Aspekte zu berücksichtigen, aber ihr ganz persönliches Empfinden war mindestens ebenso wichtig und auch meine Einschätzung der Gesamtsituation sollte in die Waagschale fallen. Kein einfacher Prozess.

Trotzdem versuchten wir, diese Vorgehensweise in all den darauffolgenden Jahren beizubehalten, auch dann noch, als Mutter im Sterben lag.

Das war ein ständiges Begleiten, Unterstützen, Fragen, Zuhören, Horchen auf das zwischen den Worten Gesagte, ein Unterbreiten von Vorschlägen oder auch ein »Mach's doch so« und wieder Innehalten, Warten.

»Kannst du nicht mal mit dem Doktor sprechen?«, bat mich Mutter eines Tages. Beim letzten Praxisbesuch hatte sie sehr energisch mit ihrem Hausarzt diskutiert. Ihrer Meinung nach war seine Einschätzung ihres Zustandes absolut falsch gewesen und sie hatte seine Verordnungen rigoros abgelehnt. Bei diesem Gespräch war ich auf Mutters Wunsch mit im Raum, doch ihr Argumentieren gegen ihren sonst so geschätzten Arzt war so heftig, dass es mir fast peinlich war und ich das Besprechungszimmer am liebsten verlassen hätte.

Wie ich erst Jahre später lernte, ist diese Art der Kratzbürstigkeit Ärzten, Familienmitgliedern oder Pflegepersonal gegenüber gerade bei Krebspatientinnen verbreitet und noch dazu sehr sinnvoll: zur Stärkung des Immunsystems.

»Frauen brauchen eine andere Medizin.« Ja, in der Tat. In unserem Falle waren es sehr unterschiedliche Faktoren und viele kleine Ereignisse, die für meine Mutter heilsam waren.

Ihr objektiv-physischer Zustand verbesserte sich nicht. Im Juli 1999 schrieb ich in mein Tagebuch: »Mutter geht es nicht gut. Ich sehe, wie sie krummer und krummer wird. Wann bricht sie mir zusammen oder auseinander?« Ich hatte Röntgenaufnahmen von ihrem Skelett gesehen, wusste um die Tumormarkerwerte und kannte die Ergebnisse der letzten Blutsenkung. Und doch schien all das nicht zu passen zu der Frau, die sich mir im Alltag immer wieder aufs Neue in unglaublicher Stärke präsentierte. Was war es, das ihr Kraft verlieh und Fröhlichkeit, bei aller Sorge um ihr Leben?

Wie sich im Laufe der Zeit herausstellen sollte, bestand die von uns eingesetzte »etwas andere Medizin« aus der scheinbar richtigen Dosierung von »teilhaben dürfen«, »mitten im Leben bleiben« und »sich sicher fühlen«. Dazu sei hier noch angemerkt: Dieser »Medikamentencocktail« wirkt nicht nur beim weiblichen Geschlecht, sondern er tut auch alten Männern gut. Das jedenfalls sollte sich später, im Laufe des weiteren Zusammenlebens mit Vater herausstellen.

Ein kleiner Frosch mit großer Wirkung

In der ersten Jahreshälfte 1999 beschäftigte mich das Thema »Krankheit und Gesundheit« auch noch in einer anderen Weise: ich arbeitete gerade an der Erstellung einer Sammlung von Spiel- und Gestaltungsideen für die Arbeit mit Kindern. Das Thema war: »Krankheit und Gesundsein«. Der Bearbeitung dieser Inhalte lag das Kinderbilderbuch »Frosch im Winter« von Max Velthuijs zugrunde. Es erzählt davon, wie sich der arme, kleine, nackte, grüne Frosch im kalten weißen Winterwetter überhaupt nicht mehr zurechtfindet, erschöpft und frierend zusammenbricht, von seinen Freunden Hase, Ente und Schwein gefunden und nach Hause getragen wird, wo sie ihm fürsorgliche Pflege zuteil werden lassen. Ein warmes Bett und heiße Suppe, Unterhaltung und Gesellschaft sind die Zaubermittel, die den Frosch zu Frühlingsbeginn wieder froh und glücklich über die grünen Hügel hüpfen lassen.

Wieder einmal saß ich noch recht spät abends in meinem Arbeitszimmer und war mit dem Manuskript beschäftigt. Vater hatte bei mir angeklopft, mir eine gute Nacht gewünscht und dann noch den wohlmeinenden Rat hinzugefügt: »Geh auch mal bald ins Bett, mach nicht mehr allzu lange.« Ich dankte ihm für seine guten Wünsche, war innerlich darüber erheitert und setzte mich erneut an meinen Frosch. Während ich die Bilder daraufhin sichtete, in welcher Weise ich daraus ein Puzzle gestalten könnte, musste ich plötzlich schallend lachen. Der kleine Frosch, schrecklich frierend, den Kopf unglücklich eingezogen und nach vorn gebeugt, mit krummem Buckel ... der sah genauso aus wie mein Vater! Ich war begeistert. Und während ich noch lachte, klopfte es erneut an meiner Tür. Bevor ich mein »Herein!« beendet hatte, steckte Mutter bereits ihren Kopf ins Zimmer. »Ich wollte dir nur rasch ...« »Komm rein!«, unterbrach ich sie. Sie machte die Tür hinter sich zu und ich sah, dass sie bereits bettfertig war. »Guck mal, was ich gerade entdeckt habe!« Ich zeigte ihr besagtes Bild vom Frosch und wies auf dessen verblüffende Ähnlichkeit mit ihrem Ehemann hin. »Du bist aber auch ein böses Kind!« Lachend schaute sie sich die kleine bemitleidenswerte Figur an und wurde plötzlich sehr, sehr ernst. »Du hast Recht«, sagte sie schließlich mit leicht gerunzelter Stirn. »Vati friert ja auch fast immer.«

Mein Gefühl in diesem Augenblick täuschte mich nicht und ich lud meine Mutter ein, sich noch ein Weilchen in den für solche Anlässe in meinem Arbeitszimmer aufgestellten alten Sessel zu setzen. Und in der Tat, sie begann zu erzählen: darüber, wie unterschiedlich sie und Vater schon immer gewesen waren und wie sie oft darunter gelitten hatte, dass er so gar keine Freude empfinden konnte und dass er so gut wie keine Freunde hatte und dass er fast alle ihre Versuche, mal etwas mit anderen zu unternehmen, abblockte. Tränen standen in ihren Augen. Und ich saß da, ihr zugewandt und hörte einfach zu. Hinter mir auf meinem Schreibtisch lag der Frosch, von dem ich nicht geahnt hatte, welche Wirkung er in unserem Hause haben würde. Und vor mir saß meine Mutter, die in ihrem ganzen Wesen so lebendig und lebensfroh und nach wie vor eine überaus aktive Frau war. Nur selten sprach sie über ihre Kümmernisse. Jetzt ließ ich sie erzählen.

Sie hielt in ihren Ausführungen inne und schaute mich für eine Weile schweigend an, ganz tief und ernst und dabei warm und freundlich. Wieder begann sie zu weinen, jetzt war es wohl eher Rührung, wie ich kurz drauf bemerken sollte. »Weißt du, was für mich das Größte ist?« Ich zuckte nur die Schultern, hatte keine Ahnung, was sie meinte. Mit ratlos gerunzelter Stirn fragte ich zurück: »Was meinst du denn?« Sie holte Luft, wie wenn ihr das nun Folgende doch nicht so leicht über die Lippen wollte. »Das Größte für mich ist«, – und nochmals stockte sie ein wenig, – »dass du zu uns gekommen bist, ganz von allein und ohne dass ich dich darum gebeten habe.« Wir schauten einander an. »Ach Mutti!« – mehr konnte ich in diesem Augenblick nicht sagen. Schlagartig war mir klar, dass es stets Mutters sehnlichster Wunsch gewesen war, dass ich zu ihr zurückkommen würde. Doch dies zu denken oder auszusprechen, das hatte sie sich niemals je getraut, es war zu irreal und damit auch zu schmerzhaft.

»Und jetzt muss ich ins Bett.« Mutter putzte sich beherzt die Nase und stand auf. Und während wir uns fest und lange umarmten, kam der vor einigen Minuten schon erteilte Rat nun auch von ihrer Seite: »Mach bald mal Schluss für heute, es ist schon viel zu spät.« Bevor sie das Zimmer verließ, gab ich ihr noch ein Versprechen: »Und morgen Abend gibt es wieder eine Fußmassage.«

Ich war noch viel zu aufgedreht, um jetzt ins Bett zu gehen. Ein guter Zeitpunkt, Marty in Kalifornien anzurufen, bei ihm war schließlich erst früher Nachmittag.

Der Frosch sollte mir an einem der nächsten Tage noch ein weiteres verblüffendes Erlebnis verschaffen. Ich hatte mich zu meinem Vater in sein kleines Zimmer gesetzt und beabsichtigte, ihm von meiner Entdeckung zu erzählen, allerdings ohne ihm zu nahe zu treten oder ihn zu kränken. Deshalb wählte ich einen kleinen Umweg und fragte ihn, welche Verbindung er zu Fröschen habe. Verwundert schaute mich mein Vater an. »Wie meinst du das?« Er brauchte wohl ein bisschen Hilfe. Ich wiederholte also meine Frage: »Was ist deine Verbindung zu Fröschen?« Und dann geschah etwas völlig anderes, als ich erwartet und vermutet hatte. Er stand auf, ging an seinen Bücherschrank, öffnete die untere Tür und holte ein kleines dünnes bräunliches Heftchen hervor. »Weißt du denn nicht, worüber ich meine Doktorarbeit geschrieben habe?« Ich war platt. Auf dem Deckblatt stand »Inaugural-Dissertation zur Erlangung der Doktorwürde in der Zahnheilkunde der Hohen Medizinischen Fakultät der Universität Marburg vorgelegt von Heinrich Jöllenbeck, Zahnarzt aus Rotingdorf bei Bielefeld.« Darüber stand in fetteren Buchstaben gedruckt der Titel der Arbeit: »Experimentelle Darstellung der kompensatorischen Pause am Skelettmuskel.«

Ich tappte noch immer im Dunkeln und mein fragender Gesichtsausdruck veranlasste Vater zu einer weiteren Erklärung. »Also: Genauer gesagt ging es in meiner Arbeit um das Phänomen der kompensatorischen Pause am Herzen vor der Extrasystole, erforscht am Skelettmuskel des Frosches.« Und in einem Nachsatz fügte er hinzu: »Dabei habe ich vor allem männliche Frösche verwendet.« Nun war ich erst richtig platt. »Was um Himmels willen hatte das mit deiner Zahnmedizin zu tun? Wo hattest du denn all die Frösche her? Wieso ist deine Doktorarbeit so dünn, nur ganze sechs beschriebene Seiten?«

Mein kleiner grüner Bilderbuchfrosch war vollkommen in Vergessenheit geraten, stattdessen lauschte ich andächtig den Ausführungen meines Vaters, dem es sichtlich Freude zu bereiten schien, meine Fragen zu beantworten und aus alten Zeiten an der Uni zu erzählen. Sein Doktorvater hätte ähnliche Versuche mit Schildkröten gemacht.

Wenn wir in den kommenden Jahren auf Anordnung des Hausarztes bei Vater wieder einmal eine Blutdruck- und Pulsmessreihe durchführten, erwähnte ich dabei gern seine Froschherzmuskelversuche aus dem Jahre 1937. Doch wenn ich seine leichten Unregelmäßigkeiten im Pulsschlag spaßeshalber als »kontemplative« Pausen bezeichnete, wurde er böse. »Darüber macht man sich nicht lustig«, wies er mich dann zurecht.

In das kleine Heft seiner Dissertationsveröffentlichung schrieb Vater mir als Widmung: »Meiner lieben Tochter Dorothea als Andenken an ihren Vater überlassen.«

Mit immer größerer Regelmäßigkeit stattete mir Mutter abends einen Besuch in meinem Arbeitszimmer ab. Zuweilen plauderten wir einfach, oft sprachen wir auch über ernste Dinge, bei gleichzeitiger Fußmassage oder ohne. Gelegentlich massierte ich auch ihren Rücken und wenn sie gerne baden wollte, erkundigte sie sich vorher, ob ich ihr dabei behilflich sein könnte. Ihre Angst, nicht mehr alleine aus der Wanne zu kommen, war dabei wohl ihr Hauptmotiv, auch wenn sie selbst eher den Genuss des Rückenschrubbens in den Vordergrund stellte.

Eine Unternehmung ganz besonderer Art war die Anschaffung eines Hörgerätes für meine Mutter. Diese war mit vielen Besuchen zunächst beim Ohrenarzt und dann beim Hörgeräteakustiker verbunden. Auch da waren Begleiten und Beraten gefragt. Nein, Mutter war nicht wirklich glücklich mit dem »Ding«. Das Tragen dieses für sie ungewohnten Hilfsmittels ließ sie zurückhaltender, vorsichtiger, ja manchmal sogar ziemlich unsicher werden. In unvertrauter, unruhiger Umgebung, vor allem da, wo viele Menschen durcheinander sprachen, fühlte sie sich unbehaglich. Wenn ich ihr Unwohlsein bemerkte, versuchte ich herauszufinden, was sie in diesen Augenblicken wollte. »Wollen wir nach Hause gehen? Oder möchtest du noch länger bleiben?« Allein mein Fragen und das Wissen um meine Aufmerksamkeit erleichterten ihr die Situation. Erst nach und nach gewann sie Sicherheit im Umgang mit dem »neuen Hören« und dem Apparat mit seinen Rädchen und dem Piepsen und »diesem ganzen Technikkram«.

Besuch, Empfänge, Dinnerpartys

Wer allerdings annahm, dass meine Mutter sich wegen ihrer Schwerhörigkeit aus dem gesellschaftlichen Leben zurückziehen oder soziale Ereignisse eher meiden würde, sollte eines Besseren belehrt werden. Das Gegenteil war der Fall: Wie wenn sie ganz tief in ihrem Inneren die unbewusste Entscheidung getroffen hätte, alles bis dahin Versäumte und von Vater immer wieder Verhinderte nachzuholen, öffneten sich die Türen des Hauses an der Borgholzhausener Straße noch mal in gänzlich neuer Weise. Dafür, dass dies geschah, brauchte Mutter nicht einmal viel zu tun, allein meine Gegenwart hatte zur Folge, dass viele meiner Freundinnen, Freunde und Kollegen den Weg zu mir und damit auch zu meinen Eltern fanden. Da war Christiane nicht die einzige, die gern in Mutters Küche hockte, ein Tässchen Kaffee in der Hand. Ja, meine Freundin Reingard begab sich gleich für ein paar Tage in Mutters hausfrauliche Obhut, um ihr einige ganz normale Tricks abzugucken. »Was kann die denn bei mir schon lernen?«, war Mutters erste Reaktion. »Wie wäre es mit Eierstich?«, kam darauf prompt die Antwort.

Natürlich war auch bisher schon Besuch ins Haus gekommen. Jeden zweiten Dienstagmorgen zum Beispiel tönte es von unten zu mir herauf: »Dorothea, die Suttorfer sind da!«, oder es klingelte an der Haustür und Tante Margret stand davor. Auch andere Besucherinnen und Besucher kündigten sich in regelmäßigen Abständen an, und an Geburtstagen war immer eine Runde mit Vertrauten im Wohnzimmer des Hauses versammelt. Nein, einsam waren die Eltern auch ohne mich nicht gewesen.

Und doch veränderte sich vieles: Es war wohl mehr der ungewohnte Trubel, das Einbezogensein der Eltern in mein soziales Netzwerk, das Kennenlernen neuer, auch für sie ungewohnter Menschen, das ihrem Leben frischen Wind verlieh. Für Mutter war das einfach toll, so hatte sie sich's stets gewünscht. Für Vater war es ungewohnt, er hielt sich anfangs sehr zurück.

Einer dieser neuartigen Besucher war Volker, der Bruder meiner Freundin Reingard, angehender Diplomdesigner und Fotograf. Zwei Jahre zuvor hatte er zwecks Ausübung eines Auslandspraktikums für mehrere Monate in Santa Cruz gelebt, wir hatten Anteil an seinem beruflichen Werdegang genommen und waren Freunde geworden.

Im Mai 1999 hatte Volker sich in Werther angesagt – zum einen um mich zu besuchen, aber auch, um in anderer Umgebung für sein unmittelbar bevorstehendes Examen zu lernen.

»Ich komme dann am frühen Nachmittag und bleibe – wenn's möglich ist – bis Donnerstag«, hatte er sich für den Dienstag nach Pfingsten angekündigt. »Ach, übrigens, zu essen brauche ich nicht viel, ich bin gerade auf Diät.« Dies alles sagte ich zu Mutter, die es mit kurzem Schulterzucken zur Kenntnis nahm. »Wenn er denn meint. – Ich kenne diesen jungen Mann ja nicht«, lautete ihr Kommentar. Ich wusste sehr gut, wie sie darüber wirklich dachte.

Als Volker am darauffolgenden Dienstag mit seinem Wagen in den Hof rollte, stand der Mittagstopf mit Suppe noch auf dem Herd und die diversen Kuchen, die von Pfingsten übriggeblieben waren, hatte Mutter neu und so, »dass man es anbieten kann«, auf Tortenplatten arrangiert.

Da stand er dann, der junge Fremde, und Mutter hieß ihn sehr willkommen. »Das ist ja schön, dass wir uns auch mal kennenlernen. Sie möchten sicher gern was essen. Sie hatten doch eine lange Fahrt?!« Ich ahnte, dass sie das mit der Diät ohnehin nie wirklich ernstgenommen hatte. Und siehe da, sie behielt recht: Volker hatte Hunger, nahm erst das Angebot der Suppe an, ließ sich von Mutter auch noch andere Reste wärmen und genoss es dann zwei Stunden später, mit uns am reich gedeckten Kaffeetisch zu sitzen. »Ich bin hier auf Diät«, lachte er und sagte auch beim dritten Kuchenstück nicht nein. Das mit der Diät wurde zur stehenden Redewendung und bei Mutter hatte Volker von diesem ersten Tag an einen Stein im Brett und sie bei ihm.

Vater war und blieb Volker gegenüber eher zurückhaltend. Ihm ging das alles ohnehin zu schnell mit Mutters Innigkeit und Fürsorge. Außerdem war dieser junge Mann für ihn zu forsch und auch zu intensiv. Und während sich Mutter und Volker längst duzten, blieb Vater weiterhin beim »Sie«. Trotzdem zeigte er sich für die künstlerischen und beruflichen Belange des stets wiederkehrenden Gastes interessiert. Immer wieder schenkte ihm Vater seine Aufmerksamkeit und stellte seine Fragen: »Und woran arbeiten Sie gerade und wovon leben Sie zur Zeit?« Die beiden Männer hatten so ihre eigene Art der Kommunikation. Volker würde fortan fester Bestandteil unseres Lebens und unser Haus für ihn stets Anlaufstelle, kleine Heimat bleiben.

Unser erstes Weihnachten in der neuen Gemeinsamkeit rückte näher. So gastfreundlich und offen sich Mutter in den letzten Monaten auch gezeigt hatte, so zäh und schwierig wurde es, als Marty und ich meine Eltern mit dem Plan vertraut machten, am 21. Dezember eine kleine Dinnerparty zu geben. Zehn Freundinnen und Freunde sollten dazu eingeladen werden. Ohne dass sie es auszusprechen brauchte, konnte ich Mutters Frage spüren: »Was soll ich da denn kochen?« Ich lachte. »Das Kochen machen wir.«

Marty war am 18. Dezember zum bevorstehenden Weihnachtsfest eingeflogen und hatte Lust, mit einem indischen Essen aufzuwarten. »Ein schönes Abendessen für alle.« Zu diesem Zwecke hatte er sogar seine Gewürze mitgebracht. Wir richteten den großen Raum, der früher Vaters Praxis gewesen war und noch immer »das Behandlungszimmer« hieß, so her, dass es einigermaßen gemütlich wirkte. Das Kerzenlicht müsste am Abend dann sein Übriges tun. Der Raum war seit ewigen Zeiten nicht mehr renoviert worden und nicht gerade in bestem Zustand.

Unsere Vorbereitungen wurden von meinen Eltern eher schweigend begleitet und etwas später gaben sie uns dann unmissverständlich zu verstehen, dass sie mit dieser Angelegenheit nichts zu tun haben wollten. »Ich halte mich da raus«, verkündete meine Mutter mit leicht beleidigter Miene. Ein Vorsatz, dem sie nicht ganz treu bleiben sollte ...

Am Vortag des besagten Abends saßen wir in der Küche, ich hatte mir Stift und Papier genommen und Marty nannte die Zutaten, die er für seine Gerichte brauchte. Die Getränke hatte ich bereits notiert, jetzt ging es um Gemüse und andere Lebensmittel. Mutter war zugegen und hantierte am Herd. Plötzlich drehte sie sich zu uns um: »Zwiebeln braucht ihr nicht zu kaufen, die habe ich im Keller«, bemerkte sie ungewöhnlich scharf und ich empfand das Gesagte als Zurechtweisung. Dann kam etwas abgeschwächt die Bitte: »Könnt ihr statt Paprika nicht Möhren nehmen? Die habe ich im Steintopf. Sie müssen dringend aufgebraucht werden.« Marty schaute mich fragend an und ich übersetzte. Ein Schweigen folgte. Zwei Welten prallten aufeinander: Während wir es gewohnt waren, das einzukaufen, was in einem Rezept angegeben war, ging Mutter in den Keller und prüfte ihre dort gelagerten Vorräte. Sie alle stammten aus ihrem eigenen Garten und dementsprechend wurde auch gekocht. Dabei hatte sie genau im Gespür, was von den frischen Sachen aufgebraucht werden musste oder welche Gläser nicht mehr allzu lange im Regal stehen sollten. Gemüse kaufte unsere Mutter nie, es sei denn im Urlaub und auch dann nur mit Widerwillen.

Doch nicht genug damit, dass wir ihre ureigenste Gewohnheit missachteten, nein, wir waren zudem im Begriff, einen massiven Eingriff in ihr Hoheitsgebiet, die Küche, zu tätigen.

Ich legte meinen Stift zur Seite und stand auf. »Dürfen wir mal im Keller schauen?« Ich gab Marty zu verstehen, dass wir die Küche erst einmal verlassen würden.

»Was machen wir jetzt?«, berieten wir, nachdem ich ihm den Sachverhalt erklärt hatte. Nichts lag meinem Mann ferner, als meine Mutter zu verletzen, und so gelang uns dann ein Kompromiss, mit eingekaufter Paprika *und* Mutters Möhren aus dem Keller. Das klärende Gespräch verschoben wir auf später.

Bereinigt war die ganze Sache damit noch nicht, und als mein Vater kurz vor Eintreffen der Gäste meinte, sich auch noch einmal einschalten zu müssen, platzte mir der Kragen. Er hatte die Tür zum großen Zimmer geöffnet, seinen Blick über den gedeckten Tisch gleiten lassen und die Weingläser gesehen. »Wollt ihr den Leuten tatsächlich Alkohol anbieten? Das ist in diesem Haus bisher nicht üblich gewesen.« – »Dann wird es eben jetzt üblich!«, erwiderte ich wütend. Es klingelte an der Haustür, die ersten Gäste trafen ein und Vater verschwand in seinem Zimmer.

Mutter konnte es sich nicht nehmen lassen, Marty doch einen Blick über die Schulter zu werfen, als er in den seltsam riechenden und fremdartig aussehenden Gerichten rührte.

Er wandte sich zu ihr um und fragte sie: »Ist das sehr komisch für dich?« Damit meinte er nicht das Essen, sondern die Tatsache, dass er in ihrer Küche kochte. Sie hatte seine Frage richtig verstanden und platzte sofort mit einem ehrlichen »Ja, sehr!« heraus. In den 30 Jahren, in denen Mutter diesen Haushalt geführt hatte, hatte niemand auf diesem Herd eine Mahlzeit zubereitet, zumindest nicht, wenn sie anwesend war. Er war der erste, der das tat.

»Wie kann ich mich bei dir bedanken?« Marty war zutiefst berührt und dachte nach. Mit einem »Willst du nicht wenigstens probieren?« versuchte er Mutter eine Brücke zu bauen. »Nein, lass nur, vielleicht morgen, falls was übrigbleibt.«

Es blieb tatsächlich etwas übrig und nachdem wir die Reste seines außerordentlich gelungenen Essens verzehrt hatten, gab es Gelegenheit, auch über die anderen »Reste« zu sprechen. Mutter war sehr glücklich, als wir ihr zu verstehen gaben, dass wir sie längst verstanden hatten und ihre Art sehr respektierten. Marty stand auf und legte seine Hand auf ihre Schulter. Auf Englisch sprach er und ich übersetzte: »Ich möchte mich bei dir bedanken.« Das klang ganz feierlich und würdevoll. »Ich bin sehr stolz, dass ich der erste war, den du an deinen Herd gelassen hast. Vielleicht darf ich dir bald mal etwas anderes kochen.« Doch das war dann zu viel des Guten und Mutter beendete die Debatte, indem sie ihm entgegnete: »Ach nein, das lass mich lieber selber machen.« Dabei lächelte sie ihren Schwiegersohn wohlwollend an und fügte ein wenig nachdenklich hinzu: »Wer weiß, wie lange ich's noch kann.«

Dann war auch Vater noch am Zug. Er gestand uns, dass er bisher immer eine sehr besondere Vorstellung von »Dinnerparties« gehabt hätte: betrunken und laut gröhlend oder singend würden die Gäste erst zu früher Morgenstunde das Haus verlassen ... »Da ging's bei Euch ja ganz gesittet zu«, räumte er ein und sparte sich von Stund an jeden Kommentar, wenn wieder mal ein Sekt-, Wein- oder Bierglas auf dem Tisch zu sehen war.

Mit Schutzengeln spazieren gehen

Das Jahr 2000 hatte begonnen, der Winter war vorüber und unser Zusammenleben zu dritt war immer selbstverständlicher geworden, fast friedlich, von kleinen Reibereien abgesehen. Ich selbst schien meine Rolle im Haus mehr oder weniger gefunden zu haben, Fragen und Zweifel meldeten sich dann und wann, doch längst nicht so dramatisch wie zuvor. Neue und fortlaufende Arbeitsprojekte nahmen mich in Anspruch, zugleich war ich bemüht, einen Großteil meiner Zeit für Mutter zur Verfügung zu halten.

Auch wenn sie es nach außen hin nicht zeigte oder sagte, so war es ihr doch deutlich anzumerken, dass sie die Veränderungen in ihrem Körper spürte. Mit Vater sprach ich manchmal kurz darüber und war jedes Mal erstaunt, wie klar er sich zu ihrem Zustand äußerte, ganz ohne Jammern oder Wehleidigkeit, vielmehr aus Sicht des Mediziners. Beide wussten wir, dass die Schmerzen, über die Mutter in letzter Zeit klagte, vermutlich nicht von einem Hexenschuss herrührten.

Umso erstaunter war ich, als sie mir eines Freitagsabends Mitte Mai eine Idee unterbreitete. Wir saßen zum gewohnten Abendbeieinander in meinem Zimmer, als sie mich plötzlich anstrahlte: »Ich weiß ja nicht, was du so davon hältst, aber ich würde gern noch einmal den Wanderweg von Bielefeld nach Werther gehen.« Ich glaubte meinen Ohren nicht zu trauen. Ohne eine Reaktion meinerseits abzuwarten fügte sie hinzu: »In diesen Tagen ist das Wetter so schön und ich dachte, wir könnten das vielleicht am Sonntag machen.« Noch immer versuchte ich mich in ihr Ansinnen hineinzudenken, nahm dabei meine eigenen Bedenken zur Kenntnis und schritt innerlich die besagte Wegstrecke ab. Würde sie das wirklich schaffen? Doch anstatt irgendetwas dagegen-, geschweige denn sie davon abzuhalten, lachte ich und gab meiner Bewunderung Ausdruck: »Na, da hast du dir ja etwas vorgenommen!« Immerhin ging es hier um eine Strecke von acht Kilometern. »Na klar! Das machen wir!« Und schon waren wir mittendrin in den konkreten Planungen. Die Augen meiner Mutter leuchteten und ihre rechte Wange hatte diese Rotfärbung angenommen, die darauf hinwies, dass sie besonders erregt war. »Wir fahren mit dem Auto hin, da geht ja gleich der Weg hoch in den Wald«, präsentierte sie mir ihre ausgezeichneten Ortskenntnisse. Mit einer Mischung aus Wehmut und Begeisterung in der Stimme fuhr sie fort: »Wie oft sind dein Vater und ich diesen Weg gegangen! Wir sind immer mit dem Bus hin und dann zu Fuß zurück.« Unser Plan war umgekehrt: Ich würde später mit dem Bus zurückfahren, um das Auto wieder vom Ausgangspunkt abzuholen.

»Für Vati koche ich Milchreis, den kann er sich dann selber nehmen.« Meine Mutter hatte alles schon durchdacht und, wie sie mir gestand, sogar auch schon mit Vater durchgesprochen. »Und was sagt er zu dem Ganzen?«, fragte ich nur. »Er meinte, ich solle dich fragen. Wenn du mit mir gehst, hat er wohl nichts dagegen.«

Wie sehr mich dies an früher erinnerte: Wenn ich als Kind etwas wollte, ging ich, je nach Anliegen, zu Mutter oder Vater und wurde dann meist an den jeweils anderen verwiesen. Damals hätte ich nicht im Traum daran gedacht, dass die beiden einmal dasselbe Spiel spielen würden, nur in umgekehrter Richtung. »Dann lass uns sehen, wie das Wetter Sonntagmorgen ist. – Und danke, Liebes. Schlaf schön, gute Nacht.«

Sie stand auf, drückte mich und verschwand aus meinem Zimmer, nicht ohne einen Hauch von ihrem Glück zu hinterlassen.

Es war ein strahlend schöner Morgen, als wir am Sonntag in mein Auto stiegen. Mutter trug einen bunten Sommerrock und eine weiße Bluse, darüber eine kurzärmelige blaue Jacke. Ihre Füße steckten in den derben, früher viel getragenen Wanderschuhen. Sie war munter und vergnügt und winkte Vater zum Abschied nur rasch zu.

Es wurde eine ganz besondere Wanderung. Jeder Augenblick des Weges, fast jedes Bild und jeder Schritt war hell und leicht und voller Freude. Es war, als söge Mutter Leben pur in sich auf. Ich trug den kleinen Rucksack, in dem die Verpflegung untergebracht war, und ließ sie frei und unbeschwert nur gehen, schauen und erzählen. Ja, wir genossen jeden Fleck, an dem uns die bekannte Landschaft zum Innehalten einlud. Wir redeten und machten Rast auf einer Bank.

Mitten hinein in unser sonniges Miteinander nahm sie meine Hand und hielt sie fest. »Weißt du, Liebes, mir ist klar, dass ich hier heute zum letzten Mal sitze. Diese Wanderung werde ich nicht noch mal machen können.« Ich schwieg. Was sollte ich auch sagen? Ich wollte nicht, dass sich der Tag verdunkelte. Tiefe Trauer stieg in mir auf. Meine Mutter wischte sich die eigenen Tränen ab und reichte mir ihr Taschentuch. »Nein, lass uns heute nicht traurig sein!« Sie stand auf und verschwand im Gebüsch. Als sie nach einigen Minuten zurückkam, war alles wie zuvor. Wir setzen unseren Weg fort, doch diesmal hakte sie sich bei mir ein.

Sichtlich erleichtert nahm Vater uns zu Hause in Empfang. »Wie geht es euch?«, fragte er mit charakteristisch besorgtem Gesicht. Dabei war er vor allem an Mutters und weniger an meinem Ergehen interessiert. Er war so froh, seine Frau unbeschadet wieder zu Hause zu haben, und nahm sie fest in den Arm. Davon, dass es während des letzten Kilometers doch ein wenig mühsam für sie gewesen war, verrieten wir ihm nichts.

So außergewöhnlich die Wanderung für Mutter gewesen war, so sehr wurden die nachmittäglichen Spaziergänge zusammen mit Vater zur guten Gewohnheit. Zunächst eher sporadisch, sollten sie zunehmend zu einem festen Ritual in unserem Tagesablauf werden. Sobald es die Außentemperatur zuließ – bei unter 15° Celsius ging Vater nicht spazieren – und ich nicht anderweitig unterwegs war, versuchte ich es irgendwie einzurichten, dass wir am frühen Nachmittag, noch vor dem »richtigen Kaffeetrinken«, zum »kleinen Gang« aufbrachen.

Da gab es keine großen Variationen den Zielort oder die Route betreffend, alles spielte sich im unmittelbar an unser Haus angrenzenden Quartier ab. Bis zum Briefkasten oder zur Birke, zum Goldlack oder durch den Birkenhof, gelegentlich auch mal die Nord- und Neue Straße entlang, wenn's hochkam über den Friedhof. Es ging nicht wirklich um die Gegend, geschweige denn um Ziele, das Gehen selber war der Sinn. Und in der Tat: So eintönig und unspektakulär unsere Gänge auch erscheinen mochten, so sehr liebte ich diese Art des Zusammenseins mit meinem Vater. Ich schätzte unsere Gespräche, die nicht immer ganz alltäglich waren.

»Kannst du dir vorstellen, nach deinem Tod mein Schutzengel zu sein?« Es war, als hätte mich die Frage, die ich soeben an meinen Vater gerichtet hatte, selbst mindestens so überrascht wie ihn. Beide hielten wir im Gehen inne und wandten uns einander zu. Mein Vater blieb auch weiterhin an meinem linken Arm eingehakt, hing aber plötzlich nicht mehr ganz so schwer an mir wie sonst. Wir schauten uns an und unsere Blicke begegneten sich in einer ungewohnten Klarheit, mit Offenheit und Freude. Mitten auf dem Bürgersteig an jener lauten Straße war es, als würden wir kurz eintauchen in eine andere Dimension. Ich war gespannt auf das, was meiner Frage folgen würde.

Er schien zu spüren und genau zu wissen, dass dies durchaus kein Scherz von meiner Seite war. Ein kurzes Zögern – mein Vater tat nichts unbedacht – und dann die Antwort, eindeutig und nahezu nüchtern. Ein Lächeln glitt dabei über sein Gesicht und umgab ihn für Momente mit einem weiten weisen Ahnen. Dann war er wieder Vater Heinrich an meiner Seite, untergehakt an meinem Arm.

Meine Frage hatte ihren Auslöser keineswegs darin gehabt, dass irgendetwas auf Vaters bevorstehendes Ende hingedeutet hätte – im Gegenteil. Sie hatte sich mehr oder weniger logisch aus den Überlegungen entwickelt, die mich in jenen Tagen neu beschäftigten. Nach all den Unsicherheiten und Kämpfen, die ich bezüglich meiner Rolle und Aufgaben im Haus meiner Eltern durchlebt hatte, dachte ich nun häufig über viel benutzte Begrifflichkeiten wie »menschenwürdig alt sein – menschenwürdig sterben« nach. Was hieß das denn konkret? Was gab es zu lernen beim Altwerden? Ich überlegte: Kinder erziehen wir fürs Leben. Und Alte? Für den Tod? Und ein Danach? Das hieße ja, wir bereiten sie – und dabei uns in gleicher Weise – für Himmel, Universum, Ewigkeit, für ein Leben nach dem Tode vor? Ich fand die Überlegung faszinierend, bewegte sie in Kopf und Herz und ließ sie ihre Wirkung tun im ganz konkreten Leben. Und diese war enorm. Sie öffnete mir eine Tür, durch die das Zukünftige seinen Schein hineinwarf in die Gegenwart. Ähnlich wie der oft so leicht dahingesagte Gedanke »Jeder Tag könnte der letzte sein«, wurde das aktuelle Handeln vom Glauben an ein irgendwie geartetes »Danach« mitgeprägt.

»Was kommt danach?«, war immer schon eine Frage unseres Vaters gewesen und ich wusste, dass er sich mit Schriften zur sogenannten Auferstehungstheologie befasst hatte und seine Fragen gern mit meinem Bruder diskutierte. »Der hat das doch studiert.«

Ich selbst forschte und fragte auf meine Weise weiter. Es musste einen Grund dafür geben, dass mein Vater mit dem Sterben noch nicht dran gewesen war, damals Anfang der neunziger Jahre, als er versucht hatte, sich das Leben zu nehmen und dann doch aus einem langen Koma erwachte. Damals saß ich an seinem Bett und hörte, wie er ganz langsam und beschwerlich murmelte: »Sie haben mich noch nicht reingelassen - weißt du - diese Wächter ...« Dann war er wieder eingenickt. Eine Ahnung hatte mich beschlichen. Ich stand von seinem Bett auf in der tiefen Überzeugung, dass sie ihn so, in dieser Düsternis und seelischen Verfassung, nicht haben wollten und gebrauchen konnten.

Fast ein Jahrzehnt war seither vergangen, und überrascht stellte ich fest, dass mein Vater seine ganz eigene Art von Heiterkeit entwickelt hatte.

»Aber ich hänge doch so an dir«, pflegte er mir zu antworten, wenn ich mich bei unseren gemeinsamen Spaziergängen beklagte. »Du machst dich wieder mal so schwer. Ich muss dich schleppen wie 'nen nassen Sack!«

Wir mussten dann alle beide lachen. Kein Wunder also, dass er sich mit Händen und Füßen gegen die Anschaffung eines Gehwagens wehrte.

Aber - um ehrlich zu sein - der hätte auch nicht recht zu ihm gepasst. Stattdessen erheiterte uns meine Idee, eine der älteren Damen aus der Nachbarschaft einfach mal zu bitten, Vater auf einer Gehwägelchenfahrt - »vorne drauf« - mitzunehmen. »Dorothea, bitte!«, versuchte Vater ernst zu sein. Ich sah ihn von der Seite an und freute mich, dass ich noch längst nicht alles wusste von diesem alten Herrn.

Wenn Wünsche Wirklichkeiten machen

Wie hatte Friderike Zweig in einem ihrer Briefe an ihren Mann Stefan geschrieben? »... dass man aus einem Wunsch Wahrheit machen kann, wenn man ihn nur heiß genug wünscht.«

Auch einer meiner Herzenswünsche war gerade im Begriff, in Erfüllung zu gehen, doch nicht allein vom heftigen Wünschen, sondern auch als Ergebnis harter Arbeit. Es war mir gelungen, für den Sommer 2000 eine Tournee mit dem hawaiianischen Künstlerpaar Keola und Moanalani Beamer zu organisieren. Ihr erstes Konzert würden sie in Werther geben. Weitere Auftritte und Workshops in Holland und in Deutschland waren geplant. Mein Mann Marty sollte als Tourbegleiter mit ihnen aus den USA kommen und gemeinsam würden wir für vier Wochen reisen und arbeiten.

Und wie bei früheren Gelegenheiten sollte mein Elternhaus zentrale Anlaufstelle und Wohnstatt für alle sein. Künstlerhotel mit Familienanschluss. Jedem, der weiß, wie wichtig das Konzept der Familie, der Sippe, der »ohana« in der hawaiianischen Tradition ist, mag einleuchten, wie bedeutsam es für unsere weitgereisten Freunde war, fern vom eigenen Zuhause unter die Fittiche unserer Mutter zu schlüpfen, von ihr umsorgt zu werden und an unserem Familienleben teilzuhaben.

Den bevorstehenden Besuch hatte ich zum Anlass genommen, auf das Renovieren des Behandlungszimmers sowie auch des angrenzenden ehemaligen Wartezimmers zu drängen. Waren diese Räume derzeit noch eine Mischung aus Abstellkammer, Ruheraum und Bastelstube, so sollten sich hier Vaters Investitionen lohnen: Es wurde ein helles, freundliches und geräumiges Studio für Gäste und uns selbst daraus. Damals ahnte ich noch nicht, dass meine Mutter ihre letzten Tage in diesen Räumen verbringen würde.

Während ich selbst unmittelbar vor Eintreffen der drei Weltreisenden noch über beide Ohren mit den Vorbereitungen auf alle bevorstehenden Veranstaltungen beschäftigt war, richtete Mutter ihr Hauptaugenmerk darauf, die Gäste gut und reichlich zu bewirten. »Was, meinst du, soll ich backen? Was essen sie wohl, wenn sie ankommen?« Und »Brauchen wir noch frische Eier?« Zunächst berieten wir zusammen, dann überließ ich es ihrer Intuition und ihrem hausfraulichen Sachverstand, sich für das leibliche Wohl der herannahenden Gäste etwas einfallen zu lassen »Du weißt doch, was Moana mag«, brachte ich ihr frühere Besuche ins Gedächtnis.

Gemeinsam mit unserer Haushaltshilfe übernahm ich das Beziehen der Betten und Herrichten der Zimmer. Derlei Tätigkeiten waren für Mutter inzwischen zu beschwerlich geworden. »Manches kann ich einfach nicht mehr so«, war dann ihr Kommentar und schweren Herzens gab sie an mich ab, zugleich auch froh, dass ich es übernehmen konnte.

Vieles jedoch ließ sich Mutter nicht aus der Hand nehmen. Vor allem in den Wochen, als Keola, Moana und Marty da waren und sich auch andere – Künstler und Gäste – bei uns im Haus einfanden, war sie ganz in ihrem Element. Und wieder badete sie im Trubel. Nur ich allein konnte mir denken, wie erschöpft sie manchmal abends, wenn wir noch unterwegs waren, in ihr Bett sank, nicht ohne uns noch eine

Kleinigkeit zu essen hingestellt zu haben. Und wieder einmal war die Sorge, es könnte ihr zuviel werden, ganz fehl am Platz. Auch bei dieser Gelegenheit wieder sog sie das Miteinander auf, genoss in vollen Zügen.

Nein, er wolle nicht mitkommen zum Konzert morgen, verkündete Vater, das werde ihm dann doch zu viel. Ich hatte zwar insgeheim gehofft, dass er sich diesmal auf den Weg machen würde, doch dann ließ ich es gut sein. Wir kannten ihn und waren es gewöhnt, dass er sich von Veranstaltungen und Vergnügungen dieser Art am liebsten fernhielt.

Doch meine Mutter strahlte umso mehr: »Natürlich gehe ich da hin!«

Genauso hatte ich es mir gewünscht. Ja, ich hatte alles daran gesetzt, dass Mutter Moana und Keola einmal in ihrem Leben auf der Bühne sähe. Mein Wunsch ging in Erfüllung und die Wirklichkeit war schöner als alles, was ich mir zuvor erdacht und vorgestellt hatte.

Die Stunde des Auftritts war gekommen. Betraut mit der Aufgabe, die Anwesenden zu begrüßen und die weitgereisten Künstler willkommen zu heißen, stieg ich an diesem frühen Sonntagabend auf die Bühne des Festzeltes. Ich war ziemlich aufgeregt. Und während ich noch mit dem Mikrofon und meinem Herzklopfen kämpfte, blickte ich plötzlich in das Gesicht meiner Mutter. Wie die personifizierte Freude saß sie dort unten, umringt von Nachbarinnen und Bekannten, in diesem vollbesetzten Zelt, an diesem heißen Junitag. Sie strahlte, wirkte stolz und beseligt. Das waren ihre »Kinder«, ihre Freunde, ihre »Lieben«, die dies alles präsentierten. Auch ihr Herz schien jetzt schnell zu schlagen und wie ermunternd zwinkerte sie mir zu. Mit großer Ruhe sprach ich meine ersten Worte, froh und dankbar.

Meine Mutter nahm Musik und Tanz dieses Abends in sich auf. »Ach, war das schön! Das war ja mehr als nur Tanz,

Moana!«, gab sie anschließend auch der Künstlerin ihr Lob und nahm sie kräftig in den Arm.

Vater gegenüber hielt sie sich am Abend sehr zurück. Er fragte zwar, wie es gewesen sei, erhielt jedoch nur die Antwort: »Du hättest ja mitkommen können.« Erst später erzählten wir ihm gemeinsam von unseren Erlebnissen.

Das Kämpfen mit den alten Schmerzen

Wenige Tage vor ihrem 80. Geburtstag traten bei Mutter heftige Rückenschmerzen auf, zugleich klagte sie auch über Übelkeit. Gemeinsam mit dem Hausarzt hatten wir uns für die Gabe eines Schmerzmittels entschieden. Das brachte ihr zwar Linderung, doch ihr Grundbefinden war weiterhin miserabel. »Ich fühle mich beschissen«, teilte sie uns schließlich mit. »Sollen wir deinen Geburtstag absagen?«, war darauf meine dumme Frage. Bittend und hilfesuchend sah sie mich an. »Ich habe mich doch so darauf gefreut.« Und dann: »Die neue Spülmaschine, die haben wir doch extra noch gekauft!« Sie hatte recht und plötzlich war ich mir ganz sicher, dass sie ihren Ehrentag gut überstehen und auch mit Freude erleben würde. Ich selbst war bereit, alles mir Mögliche zu tun, damit es ein schöner Tag für sie werden würde.

So war es in der Tat. Es kamen zahlreiche Gäste, meine Mutter hielt eine kleine Rede, erfreute sich am Posaunenchor und genoss die große Runde von Freunden und Verwandten. »Du hast dich wirklich super gut gehalten.« »Und ich muss euch für alle eure Liebe danken.« Früh verabschiedete sie sich an diesem Abend von uns und ging zu Bett.

Gemeinsam mit Vater und meinem Bruder saßen wir nach dem Aufräumen noch beisammen und berieten, was wohl für Mutter sinnvoll zu tun wäre. Ich plädierte für Schmerztherapie und wusste von einer Palliativstation in einer größeren Klinik, ungefähr 20 Kilometer von uns entfernt.

»Ich wollte aber noch nicht sterben«, hielt Mutter mir beherzt entgegen, als ich ihr an einem der nächsten Tage von unseren Überlegungen und einem möglichen Aufenthalt auf der Station erzählte. Die Schmerzen waren aber inzwischen so stark geworden, dass sie die Angelegenheit ganz in meine Hände legte: »Entscheide du, es wird schon richtig sein.« Mit einem Schlag wurde ich mir der Verantwortung bewusst, die ich soeben übergeben bekommen hatte. Ich war entsprechend aufgeregt, als ich die erforderlichen Maßnahmen in die Wege leitete. Wir bekamen sofort einen Termin, packten ihre Sachen und ich brachte sie dorthin.

Die Station war außergewöhnlich geschmackvoll gestaltet, das Personal aufmerksam und zugewandt, die Atmosphäre sehr besonders, und doch ging mir der Augenblick nahe, in dem ich Mutter dort zurückließ.

Ich besuchte Mutter täglich und verfolgte den medizinisch-therapeutischen Prozess. Sie berichtete mir von der Seelsorgerin des Hauses, die mehrfach schon bei ihr gewesen war. »Die nimmt sich ganz viel Zeit für mich«, erzählte sie verwundert. Natürlich war ich neugierig zu erfahren, worin es in diesen Gesprächen denn so ging. Da gab es Themen wie »sich schuldig fühlen«, »loslassen« und »verzeihen und vergeben«. In mir nagte es und mein Herz begann zu klopfen. Da war noch diese eine Situation, damals vor zehn Jahren, in Plön. Immer wieder tauchte sie vor meinem inneren Auge auf, und nie hatte ich es bisher geschafft, mit Mutter darüber zu sprechen. Dabei wollte ich mich unbedingt bei ihr entschuldigen ... Ich holte tief Luft, rückte meinen Stuhl noch etwas näher an Mutters Bett, nahm ihre Hand in meine und begann ganz vorsichtig und fragend. »Du, Mutti?!« Ich machte eine Pause. »Weißt du, was mir sehr auf dem Herzen liegt?«

Mit fragendem Blick schaute sie mich an. Als ob sie eine Ahnung hegte, drückte sie meine Hand und ich begann: »Weißt du noch, damals in Plön«, – ich stockte und musste nach neuem Mut schnappen –, »als ich dich bei mir rausgeworfen habe ...« Der Gedanke schnürte mir die Kehle zu und während ich zu sprechen begonnen hatte, sah ich die Situation noch einmal vor mir, sah Mutter spät nachts in ihrem Bademantel schluchzend an meinem Esszimmertisch sitzen. Ich wollte endlich dieses elende Gefühl loswerden und sprach weiter: »Ich weiß, dass ich dich sehr verletzt habe. Ich war damals so sauer und auch dumm. Ich möchte mich bei dir entschuldigen, kannst du es mir verzeihen?« Es folgte wieder eine Pause, dann hörte ich meine Mutter ruhig sagen: »Ja, das war damals sehr schlimm für mich. Ich habe es auch nie verstanden, wie du so hart sein konntest.« Und dann: »Ja, ich verzeihe dir.« Wieder drückte sie meine Hand »Du hast es bereits zig mal wieder gut gemacht. Das habe ich dir schon einmal gesagt: Dass du ganz freiwillig zurückgekommen bist, um dich um uns zu kümmern, das ist um vieles größer als das, was du damals falsch gemacht hast.« Noch einmal musste ich schlucken und dann war es vorbei. Ich hatte dieses tiefe Empfinden von »Jetzt ist alles gut«.

Während ihres bisherigen Aufenthaltes in der Klinik hatte Mutter sanft und ruhig und einigermaßen zufrieden gewirkt. Umso erstaunter war ich, als sie mich eines Tages beim Betreten des Zimmers mit ernsthaft-säuerlicher Miene und einem »Jetzt bin ich wirklich lange genug hier gewesen« begrüßte. »Ich möchte nicht mehr länger bleiben. Am besten nimmst du mich gleich heute mit.« Während ich noch ratlos dastand und überlegte, was wohl Schlimmes vorgefallen war, fuhr sie bereits erklärend fort: »Das war nun wirklich kein Spinat heute Mittag. Da waren noch die Strünke drin. Und bitter hat er auch geschmeckt.« Sie war völlig außer sich darüber, dass man es gewagt hatte, ihr so etwas zu essen anzubieten. Ich wusste zwar noch immer nicht, worum es bei ihr wirklich ging, versuchte jedoch sogleich, den Chefarzt der Abteilung zu erwischen und mich mit ihm zu beraten. Ich erkundigte mich nach dem aktuellen Stand der schmerztherapeutischen Einstellung und er versprach mir, die Entlassungsunterlagen für den übernächsten Tag fertigzumachen. Ja, dann könne ich Mutter mit nach Hause nehmen, natürlich mit den entsprechenden Auflagen: ein Besuch beim Radiologen – am besten schon sehr bald –, das regelmäßige Kleben von Schmerzpflastern (jeden dritten Tag zur selben Zeit), einmal monatlich Infusionen beim Hausarzt und weiterhin die ganz normalen Pillen. Ich war's zufrieden. »Übermorgen kommst du raus«, verkündete ich meiner Mutter. »Ach, Liebes, du glaubst gar nicht, wie ich mich freue.«

In der Zeit, in der Mutter in der Klinik gewesen war, hatte ich es erneut als meine Aufgabe angesehen, Vater morgens und abends behilflich zu sein, alle Mahlzeiten für ihn vorzubereiten und Haushalt und Garten einigermaßen in Ordnung zu halten.

Nun war Mutter wieder daheim und schlüpfte in gewohnte Rollen. Die Schmerzpflaster wirkten Wunder und die Konsultationen beim Radiologen ergaben, dass Bestrahlungen am Kopf nicht sinnvoll wären. Die erstmals gegebene Infusion schien sie einigermaßen gut zu vertragen, doch fand ich sie nach dieser vierstündigen Aktion ziemlich benommen vor. Sie musste noch ein wenig ruhen.

Das Erstaunlichste jedoch war, dass sie schon nach wenigen Tagen darauf bestand, meinem Vater morgens und abends wieder selbst zu helfen. Ich konnte es zwar schwer mit ansehen, wenn sie nach getaner Tat schwitzend und mit hochrotem Kopf aus dem Badezimmer kam, aber sie ließ es sich nicht nehmen. Und gegen den von Vater selbst vorgebrachten und gutgemeinten Vorschlag, für abends einen Hilfsdienst in Anspruch zu nehmen, wehrte Mutter sich mit Händen und Füßen. »Ja, soweit kommt es noch! Was meint ihr denn? Wollt ihr mich komplett aufs Abstellgleis schieben? So schlecht geht's mir nun wirklich nicht.« Damit war der Fall fürs Erste erledigt.

Der Sommer war vorbei, die Tage wurden grau und kürzer, Tante Martha, die Cousine meines Vaters, war verstorben und wir hatten sie zu Grabe getragen. Es war ein verhangener Herbstsonntag, Volkstrauertag, wenn ich mich recht erinnere. Mutter hatte mich gebeten, einen kleinen Gang mit ihr zu machen. Wir waren ein Stück mit dem Auto gefahren, und als wir unseren Fußweg begannen, hakte sie sich sogleich bei mir ein. Ungewöhnlich schwer hing sie an mir. Noch ungewohnter allerdings war, mit welcher Düsternis und Bitterkeit sie plötzlich zu sprechen begann: »Mein ganzes Leben war beschissen.« Ich erschrak und mein erstaunt-entsetztes »Wie bitte?« veranlasste meine Mutter dazu, einem erneuten Schwall an Aggression Worte zu verleihen. Ich ließ sie reden, weinen und erzählen, hörte zu und nutzte zugleich die Zeit zum Überlegen.

»Was habe ich mein Leben lang gemacht?«, fuhr Mutter fort und gab sich selbst die Antwort: »Geracker und gekümmert, weiter nichts.« Wie sollte ich auf all dies reagieren? »Raus mit der Wut«, dachte ich. »Um Himmels willen nicht den Ärger runterschlucken, so wie sonst!«

Und während sie so weiter neben mir herstapfte und sich ihre Hand immer fester um die meine schloss, war mir plötzlich klar, dass darin schon die Antwort lag. »Festhalten« war das Thema. Ihr Nicht-mehr-Können und Enttäuschtsein, die Trauer über Nicht-Gelebtes, ein tiefer Lebensärger ... das alles brach aus ihr heraus, verschaffte sich Raum. Ich nahm Mutters emotionalen Rundumschlag gelassen hin und hörte weiter zu. Sie sprach von der Verletztheit, damals, als Vater wichtige Entscheidungen traf, ohne sie dazu zu fragen. Sie machte keinen Hehl mehr aus dem permanenten Ärger, den sie seinerzeit ständig hatte. Was mich berührte, war ihr Schmerz. »Nie gab es Leichtigkeit, Genuss, nie Unbeschwertheit, Spaß mit ihm in meinem Leben. Es war immer alles nur schwierig. Denn Vater war für nichts zu gewinnen. Wenn ich mal vorschlug, ins Konzert oder Theater zu gehen – nichts.«

Dann erinnerte sie sich an ihre Kindheit, an ihren Vater, der sie sehr früh schon mitnahm in die Oper, der selbst mal in die Kneipe ging und auch mit Freunden wanderte. Erneut begann sie bitterlich zu weinen. Ihr Vater war zu früh gestorben.

Ich hielt im Gehen inne und wandte mich ihr zu, ohne dabei ihre Hand loszulassen. »Weißt du, für mich war es immer ein Rätsel, wie du bei alledem, was du erlebt und eben erzählt hast, trotzdem so stark, vergnügt und froh sein konntest. Dafür habe ich dich stets bewundert.« Ich hoffte, ihr auf diese Weise eine Tür zu öffnen, die ihr zumindest die Möglichkeit gab, auch über das zu sprechen, was außer Trauer, Wut und Schmerz in ihrem Leben wichtig war.

»Da gab es doch so manches«, begann sie zu überlegen, und versicherte einmal mehr: »Dass du in diesen Zeiten bei mir bist, bedeutet mir unendlich viel.« Ich drückte ihren Arm. »Und Vater können wir nicht ändern«, merkte ich noch an, als wir wieder ins Auto stiegen. Sie schnäuzte sich und klang fast heiter: »Das muss er dann schon selber tun.«

Genau das schien in der nächsten Zeit zu passieren. Keiner wusste genau, wieso und warum, aber unser Vater fand wieder Spaß am Klavierspielen. Das Instrument, auf dem mein Bruder und ich zu spielen gelernt hatten, stand immer noch an seinem Platz im Wohnzimmer. Seitdem ich wieder im Hause war, übte ich zwar nicht regelmäßig, aber gelegentlich nahm ich mir die altvertrauten Noten und spielte für ein halbes Stündchen. Und eines Tages bat mich Vater, ihm doch die Hefte mit den einfacheren Sonatinen herauszusuchen. »Ich glaube, die sind noch oben im Flurschrank.« Welche Überraschung und welche Freude, dass er auf seine alten Tage noch einmal Spaß am Üben und am Spielen fand!

Besonders an Tagen, an denen es Mutter nicht besonders gut ging und sie wieder einmal über Schmerzen klagte, kam er als ungewohnter Tröster daher. Mit der Andeutung eines Stirnkusses beugte er sich über seine Frau und sagte sanft: »Dann spiel ich dir jetzt noch ein bisschen vor.«

Ein Schatten schob sich über diese Szenerie, als Vater eines Nachmittags stürzte. Er war über den Rand des Teppichs gestolpert, hatte sich noch am Klavier festhalten wollen und war dann doch der Länge nach gefallen, allerdings ohne sich dabei eine ernsthafte Verletzung zuzuziehen.

Und unsere Mutter? Sie stand, als ich den Raum betrat, ganz hilflos über ihn gebeugt. »Ich schaff es nicht, ihm aufzuhelfen.« Verstört, mit Tränen in den Augen, sah sie mich flehend an. Ich half erst Vater auf die Beine und wandte mich dann Mutter zu. Sie war verletzt, weil sie ihm nicht mehr helfen konnte. Während sich bei Vater ein blauer Fleck auf den Rippen zeigte, brauchte Mutter Seelentrost.

Wir sprachen noch, da schob sie ihre Bluse hoch und bat mich: »Bitte fühl doch einmal wieder.« Ich tastete etwas an ihrer Seite, es war wie eine herausgesprungene Rippe. Ich drückte etwas fester zu und fragte »Tut das weh?« Mutter zuckte mit den Schultern: »Nicht wirklich.« »Das ist genau da, wo Vati seinen blauen Fleck hat«, merkte ich an und machte dann den Vorschlag, es dem Hausarzt zu zeigen. »Beim nächsten Mal, wenn wir mal wieder zu ihm gehen«, sagte sie nur und stopfte sich ihre Bluse wieder in den Rock.

Trotz ihrer zunehmenden Zerbrechlichkeit ließ Mutter es sich auch weiterhin nicht nehmen, ihren Haushalt zu führen und Vater zu versorgen. Sie war so ungeheuer zäh und wollte es auch bleiben. Nach außen hin, vor allem im Kontakt mit anderen, erweckte sie noch immer einen sehr lebendigen, fitten Eindruck. Doch wenn wir allein waren, klagte sie häufig, war manchmal düster-depressiv und oftmals einfach traurig.

Eines Nachmittags kam ich in den Keller und fand sie weinend vor. Mutter stand in ihrem »Kämmerchen«, dem kleinen Raum, in dem sie ihre Gartensachen aufbewahrte. Sie hielt eine Hacke in der Hand und schaute all die ordentlich an der Seitenwand aufgehängten Geräte an. Sie hatte mich kommen hören und schluchzte mir entgegen: »Die werde ich wohl nie wieder brauchen!« Ihr tiefer Schmerz zerriss mich fast. Der Garten war ihr Leben gewesen, ihr Säen und ihr Ernten, ihr Rackern und ihr Freuen, das war zugleich auch ihre Freiheit. Und wieder einmal fand ich keine Worte, um direkt auf sie einzugehen. Stattdessen nahm ich selbst die Hacke in die Hand und hielt ihr meinen Arm entgegen. »Komm, hak dich bei mir ein, wir gehen in den Garten und gucken, was da jetzt gemacht werden muss.« Sie holte ein bereits ziemlich verknülltes Taschentuch aus ihrer Kitteltasche, schnäuzte sich noch einmal und folgte meinem Vorschlag. Es war Anfang April 2001 und ich wusste, wie sehr es ihr ein Anliegen war, das Gartenland fertig zu machen und die Gemüsebeete anzulegen. Auf ihrer Fensterbank in der Küche wuchsen schon die Salvien und einige Salatpflänzchen waren ebenfalls vorbereitet.

Mutters Zustand war alles andere als stabil, er konnte sich von einem Augenblick auf den nächsten verändern und manchmal machten mich diese Wechselbäder der Befindlichkeiten schier verrückt. »Was ist denn nun mit dir?«, war wieder und wieder meine Frage. »Bring mir doch einfach mal ein ABC-Pflaster mit.« Das Schmerzpflaster war vor einigen Monaten abgesetzt worden und plötzlich kämpften wir wieder an derselben Front.

Ich machte mir erhebliche Sorgen um sie, flog aber dennoch für zwei Wochen zu Marty in die USA. Vater und Mutter halfen sich derweil allein. Ich kam zurück und die Eltern redeten mir gut zu, doch ruhig einen Arbeitsvertrag über 20 Wochenstunden zu unterschreiben. »Das schaffen wir schon.« Und dann – wieder zwei Wochen später – jener Spaziergang, den Mutter nach 100 Metern abbrach, weil sie nicht mehr weitergehen konnte. Wenn Vater und ich später an dieser Stelle vorbeikamen, wiederholte er oft Mutters Worte von damals. »Komm, Heinrich, lass uns umkehren, ich schaffe es nicht mehr.«

Von dem Tag an fand ich sie immer häufiger im früheren Behandlungszimmer. Entweder lag sie auf ihrer kleinen Liege oder sie saß im Stuhl am Fenster mit Blick in ihren Garten. Dort hatte sie tatsächlich noch zwei Beete angelegt, sie waren etwas krumm geraten. »Kannst du dich darum kümmern?«, bat sie mich und riet mir, die Möhrensaat mit Zwiebeln zu vermischen.

Sie gab nicht auf. Immer wieder kehrte sie in ihre Küche zurück, zumindest um das Essen für Vater vorzubereiten und auch für uns »etwas Einfaches« zu kochen.

Dann eines Mittags ihre Bitte: »Kannst du das hier mal weiterrühren?« Mit angespannter Miene und in gekrümmter Haltung überließ sie mir die Gemüsepfanne und verschwand. Sie litt. Ich wollte ihr so gerne helfen, doch immer noch war die Zeit dazu nicht gekommen. Sie bat mich, Zinnkraut aufzubrühen und legte sich den Umschlag auf die Rippen.

An einem Morgen im Juli dann war Mutter noch nicht auf, als ich hinunter in die Küche kam. Das war mir gänzlich fremd und ungewöhnlich. Ich lief die Treppe wieder hinauf in die obere Etage.

Geschützt, umsorgt und gut begleitet

Behutsam öffnete ich die Tür zu Mutters Schlafzimmer. Sie lag in ihrem Bett, ganz blass, die Augen weit geöffnet, und hielt sich mit der rechten Hand die Rippen. »Es geht nicht mehr. Ich will zu meinem Doktor. Bringt mich in unser Krankenhaus, ich möchte hier in Werther bleiben.« Ich setzte mich zu ihr auf die Bettkante, rückte das Kissen an ihrer Seite zurecht und ließ meine Hand dann auf der Bettdecke liegen. Es gab nicht viel zu sagen, sie hatte ihren Wunsch in aller Deutlichkeit genannt und ich wusste, was ich zu tun hatte. Ich wollte ihr lediglich zu verstehen geben, wie sehr ich mit ihrer Entscheidung einverstanden war.

Zunächst musste der Hausarzt informiert werden. »Aber sag ihm, dass ich nur ins Werthersche Krankenhaus will. Er soll mich bloß nirgendwo anders hin stecken.« Sie klang so klar und konsequent trotz ihrer Schmerzen und aller Schwäche. Mein dringlichster Wunsch war es, das für sie Richtige zu tun, ihr Linderung zuteil werden zu lassen. Von Heilung konnte inzwischen keine Rede mehr sein, zu weit war der Krebs schon fortgeschritten.

Und doch sollte die bevorstehende Zeit noch viele alte Wunden heilen.

Ich leitete alles für ihre Einweisung Notwendige in die Wege und rief dann meinen Bruder an. »Könntest du sie eventuell hinbringen? Bei mir beginnt ein neues Seminar.« – »Natürlich kann ich das.« Für Reinhard hatten soeben die Ferien begonnen und sechs schulfreie Wochen lagen vor ihm.

»Was wird aus deiner Hawaii-Reise?«, erkundigte er sich noch. »Das weiß ich nicht. Lass uns darüber später reden.« Wir legten auf.

Was die seit langem geplante Reise betraf, war ich unsicherer denn je. Ich war zur Mitarbeit an einem Musik- und Kultur-Festival nach Hawaii eingeladen worden. Das Flugticket hatte ich bereits gekauft, meine Zusage aber stets mit der Einschränkung verbunden: »Wir müssen sehen, wie es Mutter dann geht.« Und jetzt war klar, wie es ihr ging und ich stand ich vor einem Riesenfragezeichen. Das Votum meines Bruders war eindeutig: Er habe frei und werde nach Werther kommen. Um Vater könne er sich kümmern. Das sei wirklich kein Problem.

Wieder einmal wirbelten meine Gedanken und Gefühle durcheinander, alles in mir zögerte. Könnte ich hier jetzt alles im Stich lassen? Gerade jetzt? Meinem Bruder alles überlassen? Einfach wegfliegen? Was wäre, wenn Mutter in dieser Zeit stürbe?

Ich telefonierte erneut mit meinem Bruder. Doch anstatt seine Zusage als eindeutiges Startzeichen für das Packen meiner Koffer zu nehmen, war ich weiterhin mit meinen eigenen Widerständen, meinen Bedenken, meinem Gewissen und mit meinen Ansprüchen an mich selbst konfrontiert. Es blieben mir noch ganze drei Tage.

Auf die Idee, die Angelegenheit mit Mutter zu besprechen, kam ich erst in letzter Minute. Sie lag bereits seit einigen Tagen im Krankenhaus.

Dort hatte sie sich ganz in die Hände »ihres« Doktors begeben und es schien, als wäre damit eine große Anspannung von ihr abgefallen. Sie wurde behandelt und Untersuchungen waren geplant, aber die Haupttherapie bestand darin, dass Mutter ein helles ruhiges Einzelzimmer hatte, dass sie sich gut aufgehoben fühlte in einer Umgebung, in der sie viele kannte, in der sie nahe bei ihrem Zuhause war und wo sie der medizinischen Versorgung absolut vertraute.

»Ach, ich bin so froh. Das war bestimmt die richtige Entscheidung«, empfing sie mich bei meinem ersten Besuch und schilderte mir ihr Befinden. Elend fühle sie sich noch immer und furchtbar schwach, aber jetzt mache sie sich erst mal keine großen Sorgen. »Dass Vati mir das hier ermöglicht: ein Zimmer für mich ganz allein!« Ich saß an ihrem Bett, hörte ihr zu und bewunderte die ungeheure Gabe meiner Mutter, auch in derart schweren Zeiten noch dankbar zu sein und durch alles Leiden hindurch eine enorme Zuversicht auszustrahlen.

Und plötzlich fiel es mir ganz leicht, meine Reisesorgen mit ihr zu besprechen. »Natürlich fliegst du. Das ist doch gar keine Frage.« Sie griff nach dem Hängedreieck über ihrem Bett, zog sich daran hoch und setzte sich auf. Ernst sah sie mich an: »Willst du etwa hier in Werther hocken, während deine Aufgabe ganz woanders ist? Auf Hawaii rechnet man doch mit dir. Und Marty musst du auch mal wiedersehen.« Dann ließ sie sich wieder zurück auf ihr Kopfkissen sinken und fuhr fort: »Für mich ist gut gesorgt, und wenn Reinhard dann bei Vater sein kann ...« Für einen Moment zögerte sie. Als sie dann sagte: »Das kriegen die schon hin, die beiden Männer«, klang es ein wenig so, als wäre sie erheitert. Dann veränderte sich ihre Stimme erneut, ihr Blick war weich und voller Liebe: »Ach, Kind, und wenn ich tatsächlich in dieser Zeit sterben sollte, dann brauchen wir uns gar nichts vorzuwerfen. Dann war es alles gut so, wie es war. Die Zeit mit dir war wunderschön.« Ich hörte ihre Worte, die Tränen stiegen in mir auf, aber gleichzeitig fühlte ich mich auch glücklich.

Ich fuhr nach Hause und packte.

Und ganz allmählich dämmerte es mir: Dies war die einzig

richtige Entscheidung. Was wäre die Botschaft an meinen Bruder gewesen, wenn ich geblieben und nicht geflogen wäre? Mit meinem Loslassen stellte ich die Weichen für unser zukünftiges Miteinander als Familie.

In San Francisco schloss mich mein Mann ganz fest in seine Arme. Zweieinhalb gemeinsame Wochen lagen vor uns, wir würden noch am selben Abend weiterfliegen nach Hawaii.

Derzeit war unser Leben nicht ganz einfach und die langen Phasen des Getrenntlebens hinterließen deutliche Spuren. Umso bedeutsamer waren für uns die Zeiten des Zusammenseins. So auch in diesem Sommer.

Das Festival hatte begonnen, die Arbeit dort füllte mich sehr aus und doch gingen meine Gedanken immer wieder nach Werther. Gelegentlich fragte jemand aus dem Team nach meiner Mutter und manchmal telefonierte ich.

»Heute müssen wir singen«, kündigte ich am Morgen des 12. August an. »Aber erst heute Abend, dann hat meine Mutter in Deutschland Geburtstag.« Es war ein Sonntag und am Spätnachmittag trafen wir uns – alle waren zum Singen bereit. »Nein, nicht ins Telefon, nur so, in Richtung Deutschland«, präsentierte ich die Idee für das Geburtstagsständchen und versuchte zugleich, die Himmelsrichtungen auszumachen. Plötzlich mussten alle lachen. »Soll's über Japan oder Grönland gehen?« Ich war verwirrt. »Am besten beides, dann kommt bestimmt was davon bei ihr an.« Und so standen wir, eine Gruppe von ca. 15 Menschen, in einem kleinen Häuschen auf Hawaii und ließen unsere Stimmen in zwei verschiedene Himmelsrichtungen erklingen. Dem kräftig gesungen »Happy Birthday« fügten die Hawaiianer noch ein im Chor gesprochenes »Hau'oli la hanau!« hinzu und ich selbst schickte auf gleichem Wege meine persönlichen Glückwünsche hinterher.

Bei meiner Rückkehr aus den USA war auch in Deutschland wärmster Sommer. Für Mutter hatte ich eine aus Ingwerblüten gefertigte Blumenkette im Gepäck und freute mich darauf, ihr diesen echten hawaiianischen Gruß ins Krankenhaus zu bringen – dort war sie nämlich immer noch.

Als ich zu Hause ankam, war Vater allein vor Ort. Er begann sofort, mir über die vergangenen Wochen zu berichten. Schon per Telefon hatte ich erfahren, dass mein Bruder gemeinsam mit seiner Lebensgefährtin Christiane bei Vater eingezogen war und die beiden ihn aufs Beste versorgt hatten. »Das war für die beiden zwar immer Arbeit, aber sie haben sich dabei wohl auch ein bisschen erholt.« Vater wirkte überaus zufrieden.

Als er von Mutter sprach, war ihm die Sorge jedoch deutlich anzumerken. Ja, er selbst sei auch immer mal im Krankenhaus gewesen. »Dann hat mich Reinhard oder Christiane im Auto mitgenommen.« Und dann, nach einer Pause, fuhr er fort: »Es geht ihr wirklich schlecht. Manchmal, wenn ich in ihr Zimmer kam, lag sie wie tot. Dann habe ich mich fürchterlich erschrocken. Aber sie schlief nur oder hatte vor sich hingedöst.«

Ich war zwar ziemlich müde von der langen Reise, trotzdem machte ich mich auf den Weg ins Krankenhaus – ich wollte möglichst schnell bei Mutter sein.

Als ich vorsichtig die Tür zu ihrem Zimmer aufschob, bot sich mir ein helles, ruhevolles Bild: Sie selbst lag mit geschlossenen Augen in ihrem Bett, mein Bruder saß auf einem Stuhl zu ihrer Rechten und hinter beiden auf der Fensterbank reihten sich Blumen in bunter Pracht. Als Reinhard mich bemerkte, strich er behutsam über Mutters Hand und stand auf, um mich zu begrüßen. Mutter öffnete die Augen und sagte leise: »Liebes, wie schön!«

Kräftiger wurde ihre Stimme, als ich die Blumenkette auspackte und sie ihr um den Hals legen wollte. Sie verzog das Gesicht und wehrte ab. »Nein, der Duft ist mir zu intensiv. Die nimm mal besser mit nach Haus.«

Sie sei doch sehr empfindlich geworden, erklärte sie mir dann, und die Hitze mache ihr so sehr zu schaffen. Lange Besuche könne sie auch nicht so gut haben. »Aber ich freue mich immer, wenn jemand mal kurz reinschaut. Und schau mal, all die Blumen! So viel Liebe, immer wieder.« Und dann erzählte sie mir von den beiden zurückliegenden Wochen. Besonders schön sei es immer gewesen, wenn Reinhard einfach an ihrem Bett gesessen habe. Sie lächelte ihrem Sohn zu, der still am Fußende stand.

Ihr Krankenzimmer war ihr zum Hort und Schutzraum geworden, sie hatte sich dort eingerichtet und das auf unbestimmte Zeit.

Es galt, alles Unnötige und Belastende von ihr fernzuhalten und gut darauf achtzugeben, dass nichts Störendes zu ihr gelangte, in ihre zarte eigene Welt. Es war, als bräuchte ihr kämpfender Körper jetzt alle Kraft und Energie für sich und ihre Seele eine schützende Hülle.

Natürlich wollte sie immer wissen, wie es zu Hause war, mit Vater, in der Nachbarschaft und auch, wie es mit meiner Arbeit ging. »Wie war denn deine Gruppe heute? Wird dir das alles nicht zu viel?« Sie fragte mich und nahm auch Anteil und dennoch war sie dabei anders. Es war, als würde vieles sie nicht mehr erreichen.

Am deutlichsten wurde mir ihre Veränderung am Tag des 11. September 2001. Wie unter Schock hatte mich Marty am Nachmittag aus den USA angerufen. Mit dem Telefon in der Hand hatte ich den Fernseher eingeschaltet und die Bilder gesehen: die Zwillingstürme, immer, immer wieder, dazwischen Kommentare, Verzweiflung, Terror, Krieg ... Die Gedanken gingen durcheinander. Die Welt, sie war in Aufruhr und schien zugleich auch stillzustehen und dort am anderen Ende war mein Mann, schockiert und in großer Sorge.

Als ich den Fernseher schließlich ausschaltete, war es Zeit, zu Mutter ins Krankenhaus zu gehen. Das Geschehene wirkte in mir weiter und ich entschied mich, den Weg diesmal zu Fuß zu gehen. Ich brauchte etwas Zeit und Abstand. Und als ich Mutters Zimmer betrat, war die friedliche Atmosphäre ihres Raumes noch deutlicher spürbar als sonst.

Sie streckte ihren Arm nach mir aus und fragte nur »Hast du es schon gehört?« Ohne auch nur zu fragen, was sie denn meine, begann ich, von Martys Anruf zu erzählen. »Es ist so schrecklich, fast wie Krieg.« Doch noch bevor ich meinen Satz beendet hatte, spürte ich, dass dies für sie nicht wichtig und nicht richtig war und nicht an diesen Ort gehörte. Ich unterbrach mich und wechselte das Thema. Dann schüttelte ich ihre Kissen auf, sie schloss die Augen und wir schwiegen.

Ich griff nach dem Buch, das ich hier, an Mutters Bett sitzend, vor einigen Tagen zu lesen begonnen hatte. Es war »Das tibetische Buch vom Leben und vom Sterben« von Sogyal Rinpoche. Ich schlug die Seite auf, an der ich aufgehört hatte, und ließ das dort Geschriebene auf mich wirken. Konnte es einen besseren Trost in dieser Situation geben? Ich las: »Jedesmal also, wenn uns die Verluste und Täuschungen des Lebens Vergänglichkeit lehren, bringen sie uns der Wahrheit ein Stück näher. Auch wenn Sie aus großer Höhe fallen: es gibt nur einen möglichen Landeplatz, den Boden, den Boden der Wahrheit. Und wenn Sie aus Ihrer Praxis ein gewisses Verständnis gewonnen haben, dann ist das Fallen keine Katastrophe mehr, sondern es lässt Sie Ihre innere Zuflucht entdecken.«

Als ich von meinem Buch aufsah und für eine Weile vor mich hinsann, bemerkte ich, dass Mutter eingeschlafen war und ihr Atem sehr schwer ging. Ich nahm ihre Hand und fühlte ihren Puls. Wie schon mehrfach zuvor in solchen Augenblicken fragte ich mich auch jetzt wieder, ob nun der Moment gekommen sei, in dem sie sterben würde.

Es klopfte leise an der Tür und eine liebe Bekannte, ebenfalls Patientin auf dieser Station, schlüpfte herein. »Ob ich deiner Mutter noch mal etwas vorsingen darf?« – »Natürlich, gerne, fang einfach an.« Von der Melodie behutsam getragen, öffnete Mutter die Augen, lächelte und lauschte. »Soviel Liebe!«, waren auch jetzt wieder ihre Worte. Zum Dank ergriff sie die Hand der Sängerin. Als diese dann wieder aus dem Zimmer gehuscht war, erzählte mir Mutter aus früheren Zeiten und von den jahrelangen Verbindungen zu der Familie jener jungen Frau.

Nicht alle Tage waren friedlich. Ich selbst war stets bemüht, nicht allzu viel Anstrengung oder Hektik mit an Mutters Krankenbett zu bringen, aber gelegentlich war sie selbst innerlich in Sorge oder in großer Unruhe.

»Sie wollen mich noch mal punktieren.« Mit diesen Worten empfing mich Mutter eines Nachmittags, auf der Bettkante hockend. Ich setzte mich neben sie und nahm ihre Hand. Während sie sprach, versuchte sie, einen einigermaßen hoffnungsvollen Eindruck zu erwecken, aber an ihrem fester werdenden Händedruck merkte ich die Angst. »Oh Mummelchen «, entwischte es mir mitleidvoll und ich legte meinen Arm um ihre Schulter. Lebhaft stand mir noch das Bild vom letzten Mal vor Augen. Tapfer und kläglich zugleich hatte sie an genau diesem Platz auf ihrem Bett gesessen, während der Arzt und ein Pfleger so einfühlsam, wie sie nur konnten, die Flüssigkeit aus ihrem Rücken zogen, Kanüle um Kanüle. Ich hatte dabei nichts weiter tun können, als vor ihr zu stehen und ihr Halt zu geben. Mir war, als würde die Nadel auch in meinem Körper stecken.

Beim Gedanken daran zog es sich erneut in mir zusammen. Ich versuchte mein Bestes, ihrer Verzagtheit wenigstens ein bisschen Leichtigkeit entgegenzusetzen. Und ich wollte nicht, dass sie noch weiter litt.

Aus ebendiesem Grunde hatte ich der Gabe von Morphium längst zugestimmt. Die kleinen bunten Pillen taten eindeutig ihre Wirkung, wenn auch in der Weise, dass Mutter manchmal drollig wurde, gelegentlich skurril und auch ganz heiter. Dann sprach sie oft in Bildern, wie beispielsweise eines Abends von meinem Vater. Am Nachmittag war er bei ihr gewesen und sie hatte sich ihm gegenüber alles andere als zugewandt gezeigt. »Du brauchst deinen Mantel gar nicht erst auszuziehen«, hatte sie schlapp und leidend verkündet. »Es geht mir gar nicht gut.« Ganz anders dann der Ton am selben Abend, als ich noch einmal zu ihr kam. Mit einem belustigten Grinsen im Gesicht erzählte sie von Vater – als Stechpalme und Stachelkaktus!

Manchmal sah sie etwas und wies mich darauf hin: »Schau mal, der Baum, sieht aus wie'n Opa mit 'ner Pfeife.«

Einmal saß sie in ihrem Bett, den Blick fest auf das an der gegenüberliegenden Wand hängende Fotoposter geheftet. Dabei versuchte sie, die äußere Erscheinung des »Geckos auf Bananenblatt« zu imitieren. Sie hatte den rechten Arm erhoben, den linken etwas tiefer abgeknickt nach unten, beide Hände groß nach vorn geöffnet, die Finger leicht gekrallt. Ihr Gesicht war zu einem maskenhaften Lachen verzogen und nach einem Moment des Innehaltens begann sie, sich zu bewegen und mit tiefer Stimme einen Gesang anzustimmen: »g...etanzt, getanzt, zu wenig habe ich getanzt.« Dann ließ sie die Arme plötzlich sinken und sah mich an: »Dorothea«, sagte sie, nun ganz ernst. »Versprich mir, dass du die Arbeit, die du jetzt tust, weitermachst. Die Menschen müssen lernen, sich selber etwas Gutes zu tun. Ich habe mich zwar viel bewegt, aber meistens war es Arbeit.«

Einige Tage später äußerte sie den Wunsch, zum Essen mal wieder am Tisch zu sitzen. Die Sonne schien durch das große Fenster herein und Mutter hatte ihre kleine Mittagmahlzeit so gut wie beendet. Da legte sie den Löffel neben das Schälchen, schaute zu mir herüber und sagte unvermittelt: »Jetzt kommt etwas anderes und davon kann ich euch hinterher erzählen. Nur dazwischen kommt ein Stück, vor dem ich ein bisschen Angst habe.«

Wies nicht all dies auf ein baldiges Sterben hin? Ich jedenfalls versuchte mich darauf vorzubereiten und rechnete fast täglich damit. Immer wieder schaute ich auf die Bewegungen ihres Brustkorbes, horchte auf den Klang ihres Atems, fühlte ihren Puls. In der Tat: Die Versorgung ihres Körpers mit Sauerstoff war längst nicht mehr ausreichend und als ich eines Tages das Zimmer betrat, bekam ich einen Riesenschreck: da war dieses leise rhythmische Fauchen, Zischen, Pause ... Fauchen, Zischen, Pause ... und über Mutters Gesicht sah ich Plastikschläuche. Man hatte begonnen, sie künstlich zu beatmen und noch am selben Tag wurde auch ich mit der Handhabung des Sauerstoffgerätes vertraut gemacht.

Auf der Station I war ich inzwischen fast zu Hause. Ich kannte das gesamte Personal, hielt immer wieder einen Plausch mit diesem oder jener, wärmte Mutters Hafersuppe in der Mikrowelle der Stationsküche auf und klopfte für die medizinischen Fragen immer mal wieder beim Chefarzt an. Fast regelmäßig kam ich zu den Mahlzeiten, um Mutter, je nach ihrer Befindlichkeit, zu füttern oder ihr beim Essen zu helfen. Oft saß ich still für lange Zeit an ihrem Bett, hielt ihre Hand und las. Wenn ich es eben schaffte, versuchte ich, abends vor dem Schlafengehen noch bei ihr zu sein.

Als sie mich eines Abends bat: »Kannst du wohl heute einmal beten?«, war die Frage, ob es mit ihr zu Ende ginge, wieder ganz unmittelbar da. Vielleicht würde sie in eben dieser Nacht sterben?

Mein Blick fiel auf die Postkarte auf ihrem Nachttisch, die einen Sonnenuntergang über dem Meer zeigte. Rechts im Bild der weiße Ball einer untergehenden Sonne, wie eine große Öffnung des Himmels. Links, am selben Himmel, das Hell und Dunkel dicker Wolken. Das Wasser reflektierte beides, Licht und Dunkel, und ließ dem Auge freie Wahl.

Vor einigen Wochen hatte mich Volker Keß angerufen, sich nach Mutters Befinden erkundigt und dann die Frage nach ihrem Rufnamen gestellt. Ich hatte zurückgefragt, warum er das wissen wolle, woraufhin seine Antwort war: »Das ist eine Überraschung. Du wirst schon sehen. In den nächsten Tagen kommt ein kleines Päckchen. Und dann müsst ihr entscheiden, ob ihr deiner Mutter den Inhalt zeigen wollt oder ob ihr das, was drinnen ist, erst nach ihrem Tod verteilt.« Ich war innerlich zusammengezuckt. Obwohl ich mich täglich mit dem Gedanken an Mutters Tod beschäftigte, klang dies plötzlich so real, so unausweichlich nah und nüchtern. Verwirrt hatte ich den Hörer aufgelegt.

Doch was ich beim Öffnen des angekündigten Päckchens sah, war alles andere als nüchtern. Zum Vorschein kam ein Stapel dieser Karten, ganz frisch gedruckt, wohl 80 an der Zahl. Das Foto selbst war mir bekannt, nicht aber das, was auf der Rückseite geschrieben stand: »Lotti oder der Weg ins Licht«, und darunter »... in freudiger Erinnerung – photography by volker kess ©«

Ich hielt das Päckchen in den Händen und wusste erst einmal nicht, was tun.

»Dieser Junge!«, murmelte Mutter leise vor sich hin, als sie die erste Karte in ihren Händen hielt und das Bild betrachtete, während ich ihr das, was hinten draufstand, vorlas. Ein Strahlen und zugleich Tränen in ihren Augen. »Dieser Junge!«

Weder Vater noch Reinhard noch mir selbst war es gelungen, eine angemessene Entscheidung bezüglich des Umgangs mit diesen Karten zu treffen. Und so lautete die Devise erneut: »Fragen wir doch Mutter selbst.« Ohne sie ihr zu zeigen, erzählte ich ihr also von dem Foto und den Karten und erwähnte auch Volkers Kommentar dazu. Und wieder einmal verblüffte mich Mutter mit ihrer Konsequenz und Klarheit. »Natürlich möchte ich die sehen. Die könnt ihr mir ruhig jetzt schon geben.«

Von dem Tag an verschenkte sie die Karten an diejenigen, die sie besuchten, und einige ans Personal. Sie war so glücklich und berührt und nicht zuletzt auch stolz auf »ihren« Volker.

Die Zeit hängt nur an unsern Wänden

Und wieder gingen die Wochen ins Land, die Tage hatten ihre Regelmäßigkeiten und doch war keiner wie der andere. Zu Hause mussten Vater, Haus und Garten versorgt werden, daneben hatte ich immer wieder berufliche Termine und Mutter war nach wie vor im Krankenhaus. Sie liebte es auch weiterhin, Besuch zu bekommen, doch hatte sich ihr Zustand dahingehend verändert, dass inzwischen ein kleiner Zettel mit der Aufschrift: »Vor Besuch bitte Rücksprache mit dem Pflegepersonal halten« an der Tür ihres Zimmers hing. In jenen Tagen beschäftigte uns auch die Frage »Bluttransfusionen – ja oder nein?« Unser gemeinsames Abwägen mündete in »Ja« zu einer einmaligen Transfusion. Dabei ist es geblieben.

Der Ende Oktober 2001 gefällten Entscheidung, Mutter zurück nach Hause zu holen, lag zunächst einmal ein scheinbares Missverständnis zugrunde.

Es war ein sonniger Samstagmorgen und ich war gerade bei Mutter im Krankenzimmer eingetroffen. Ich erzählte ihr davon, dass Reinhard und Christiane gekommen seien und erst am späten Abend wieder nach Hause führen. Bei meinen letzten Worten klopfte es, gleichzeitig öffnete sich die Tür erstaunlich rasch und der Chefarzt trat ein, voller Elan und mit einem Lächeln. Als hätte er schon lange auf das Stichwort gewartet, trat er an Mutters Bett, nahm ihre Hand und sagte: »Soso, Sie wollen also jetzt nach Hause?!« Und dann mit einem Blick zu mir: »Na gut, dann machen wir das doch.« Während ich noch völlig verblüfft dastand und Mutter ihn mit großen Augen fragend ansah, ergriff er wieder ihre Hand und drückte sie fest: »Und ich komme immer mal vorbei und schaue nach Ihnen.« Und zu mir gewandt fügte er hinzu: »Ich wohne ja nur um die Ecke.« Mein Herz machte einen Riesensprung, spürte die Zuneigung, die uns drei in diesem Augenblick verband. Und Mutters Augen strahlten. »Ihr« Doktor würde auch weiterhin für sie da sein! Und dann erneut ein banger Blick: »Meinen Sie denn wirklich, dass das geht?«

Ich stand am unteren Ende des Bettes und griff nach Mutters Füßen. Behutsam drückte ich eine ihrer Zehen und gab ihr damit zu verstehen: »Das kriegen wir schon hin!«

Dies alles war so ungeheuer schnell gegangen. Später nutzte ich die Gelegenheit, im Büro des Arztes das weitere Vorgehen in Ruhe zu besprechen. »Grundsätzlich ist der Hausarzt wieder zuständig«, sagte er. »Ich werde das mit ihm besprechen. Ich werde mich auch weiterhin um Ihre Mutter kümmern und Sie können mich jederzeit anrufen.« Mit diesem Riesengeschenk verließ ich rasch das Krankenhaus und radelte zurück ins elterliche Haus.

Reinhard und Christiane waren gerade in der Küche, und als Vater mich kommen hörte, steckte er ebenfalls den Kopf zur Tür herein. »Mutter kommt nach Hause!«, platzte ich sofort und voller Enthusiasmus heraus. Die Reaktion der anderen war anders als von mir erwartet: Das Gesicht meines Bruders verfinsterte sich, Christiane blickte von mir zu ihm und dann erneut zu mir und mein Vater stand stumm an meiner Seite. »Wie, nach Hause?« »Ja, also, nach Hause halt. Wir holen sie hierher!« Ich verstand nicht, was daran so schwer zu verstehen war. Die Sache war doch klar! »Für dich vielleicht«, meinte mein Bruder und fügte dann hinzu: »Ich weiß nicht, wie das gehen soll.« Vater drehte sich um und verschwand wieder im Esszimmer, ein »Ich kann da eh nichts machen, das müsst ihr ohne mich entscheiden« murmelnd. Und ich stand da und fühlte mich allein.

Dann endlich dämmerte es mir: Ohne auch nur die leiseste Andeutung einer Rücksprache mit dem Rest meiner Familie hatte ich die Angelegenheit komplett im Alleingang entschieden. Kein gemeinsames Beraten, keine Absprache, nichts.

»Wie willst du das alleine schaffen?«, drang Reinhards Frage an mein Ohr. »Natürlich werde ich euch brauchen ... zur Unterstützung ...« Noch war ich etwas durcheinander, es war zu früh, mich für mein Schnellsein zu entschuldigen. Stattdessen regten sich Stolz und Eigensinn in mir und ich ergriff die Flucht nach vorn: »Der Arzt, Mutti und ich haben das zusammen so besprochen und egal, was kommt, ich übernehme die Verantwortung.« Selbst verblüfft über meine Beherztheit, hörte ich meinen Bruder nur noch ein »Na, dann ist ja gut« murmeln. Gemeinsam mit Christiane verließ er die Küche. Minuten später entdeckte ich die beiden am unteren Ende des Gartens bei den Johannisbeerbüschen. Ich hatte mir das alles so ganz anders vorgestellt.

Die kommende Woche sollte gleich mehrere Besonderheiten bringen: Am Dienstag würde Marty aus den USA einfliegen und uns für zwei Tage besuchen. Er kam nach Europa, um an einer großen Weltmusik-Konferenz in Rotterdam teilzunehmen. Ursprünglich hatten wir geplant, für fünf Tage gemeinsam dorthin zu reisen, doch daraus sollte nun nichts werden: Am Donnerstag, spätestens Freitag würde Mutter nach Hause kommen. Bis dahin galt es, alles erforderliche Pflegematerial, das Spezialbett, Sauerstoffgerät, Toilettenstuhl und all die anderen Kleinigkeiten zu beschaffen und an Ort und Stelle zu haben. Auch die Räumlichkeiten wollten entsprechend hergerichtet sein.

»Wo soll sie denn dann liegen?«, erkundigte sich Vater. »Ich finde, das ist ziemlich klar«, meinte ich. »Dein ehemaliges Behandlungszimmer ist doch wie gemacht dafür. So groß und hell und dann der Blick nach draußen. Ich schlafe nebenan im Wartezimmer und du hast ja dein Zimmer auch ganz in der Nähe.« Meine Pläne schienen ihn zu überzeugen, er nickte wortlos.

Während ich umzuräumen begann, schlich Vater um mich herum und kontrollierte Fenster und Heizkörper. »Ist es hier denn auch warm genug?«, äußerte er seine Bedenken. Ich wurde ungehalten. In den letzten Wochen hatte ich erhebliche Mühe mit ihm gehabt. Er gab sich leidend, sorgenvoll und kontrollierend und manchmal schien er gar nicht richtig da zu sein. Ich fand ihn ausgesprochen schwierig.

»Behalte mir den Vati lieb.« Diese von Mutter in letzter Zeit mehrfach geäußerte Bitte trug nicht gerade zur Verbesserung meiner Laune bei und ich hatte darauf nie viel gesagt.

Ein kurzer Eintrag in meinem Tagebuch macht die Ambivalenz meiner Empfindungen deutlich: »Schön sind die Spaziergänge mit ihm, da gehen wir einfach miteinander. Und das geschieht sonst nicht.«

Am Morgen des 26. Oktober war es soweit: zu Hause war alles für Mutters Ankunft hergerichtet, während diese noch im Krankenhaus in ihrem Bett lag und darauf wartete, dass der Sanitätsdienst sie abholte. Ich hatte auch dort ihre Sachen gepackt und den Abschied aus ihrem Zimmer vollzogen wir mit einem kurzen Ritual. Hierher würde sie nicht mehr zurückkehren.

Als sie bereits auf der Trage lag, verließ ich unmittelbar vor ihr die Station. Dabei rief ich allen ein »Ich melde mich noch mal bei euch« zu und fuhr in meinem Auto voraus.

Rechtzeitig zu ihrem Empfang stand ich im Eingang unseres Hauses bereit. Die Sonne strahlte und mein Blick fiel auf die Glasscheiben der Haustür und streifte den Briefkastendeckel. Im gleichen Moment wurde Mutter aus dem Transporter geschoben und ins Haus getragen. Ihr Blick war auf den Hauseingang gerichtet. »Da hättet ihr ja auch mal wischen können!« Es war, als hätte ich's gewusst. »Ja, Mutti, stimmt, das hätten wir«, gab ich lachend zur Antwort und wies den Trägern ihre Richtung: »Dort links hinein, da steht ihr Bett.«

Am kommenden Tag schrieb ich nur eine kurze Notiz in mein Tagebuch: »Gestern ist Mutter nach Hause gekommen. Heute morgen dachte ich, ich schaff's nicht. Dann meine Bitte um Kraft.«

Ich sollte diese Kraft in den darauffolgenden Wochen finden, aber ebenso die Unterstützung, die ich für meine Aufgaben brauchte. Marty kam nach seinem Rotterdam-Aufenthalt noch einige Tage zu uns und auch mein Bruder und Christiane hatten ihre Hilfe zugesagt: »An den Wochenenden können wir einspringen.«

Vom ersten Tag an kam jeden Morgen eine Schwester der Diakoniestation, die unsere Mutter pflegerisch versorgte. Wir hatten herausgefunden, dass es für alle Beteiligten am schönsten war, wenn dies nicht früh am Morgen, sondern erst gegen 9.30 oder 10.00 Uhr geschah. Das gab Mutter Gelegenheit, schon mal ein erstes Schlückchen Kaffee zu trinken und dabei in aller Ruhe die Nacht abzustreifen. Ich wiederum hatte Zeit, mich derweil um Vater zu kümmern, ihn aus dem Bett zu holen und ihm beim Waschen und Ankleiden zu helfen. Dann galt es, die unterschiedlichen Frühstücke für alle vorzubreiten, dabei auch die Katze zu versorgen und mich schließlich selbst zurechtzumachen.

Das alles schien ich ganz gut hinzubekommen, bis es dann eines Morgens anders kam: Mein Vater litt unter den Nebenwirkungen eines Medikaments gegen Hexenschuss und bekam plötzlich Durchfall – genau in dem Moment, als ich meiner Mutter, die – bedingt durch das Morphium – unter Verstopfung litt, beim Gang auf den Toilettenstuhl half. Ich sauste treppauf, treppab, um beiden zu helfen. An Kaffee- oder Hafersuppekochen war gerade nicht zu denken.

Für einen Moment hielt ich inne, blieb im Hausflur stehen, holte tief Luft, schaute an meinem orangefarbenen Morgenmantel herunter und dann in den Garderobenspiegel. Mein Spiegelbild schüttelte den Kopf: »So geht es wirklich nicht mehr weiter!«

An jenem Vormittag besprach ich mit meinem Vater, dass ich es für sinnvoll – oder genauer gesagt: für absolut notwendig hielt, dass wir ab sofort auch für ihn am Morgen jemanden von der Diakoniestation kommen ließen. Abends nahmen wir diesen Luxus ja ohnehin schon seit einiger Zeit in Anspruch. Vater willigte ohne jeden Widerspruch ein. Er hatte selbst erkannt, dass ich es nicht mehr schaffte, zumindest nicht, wenn ich beiden Elternteilen gerecht werden wollte.

Bereits am darauffolgenden Tag konnten wir mit der neuen Routine beginnen. Diese gute Einrichtung behielten wir bis zu Vaters Lebensende bei.

Die Möglichkeit, für Mutter zusätzlich auch stundenweise Hilfe von der Diakonie zu bekommen, war für mich ebenfalls sehr entlastend. Denn noch wollte ich meine 20-Stunden-Stelle im FrauenGesundheitsZentrum nicht aufgeben. Ich liebte das Projekt, das ich selbst mitentwickelt hatte, und fühlte mich für dessen Weiterführung verantwortlich.

Ich versuchte, so viel wie möglich von zu Hause aus zu erledigen. »Multitasking« ist wohl der Fachbegriff für das, was ich in diesen Zeiten täglich tat und was mir zur Normalität wurde. In der einen Hand den Toiletteneimer, in der anderen das Telefon, war ich froh, dass mich meine Gesprächspartner nur hören und nicht sehen konnten.

Wenn mein Beruf mich ganz unmittelbar forderte, sprang Annegret ein, eine Freundin, die zugleich Mitarbeiterin der Hospizgruppe war: »Kannst du für ungefähr zwei Stunden kommen? Von zwei bis vier?« Ich brauchte ihr nicht viel zu erklären, sie wusste, was wann und wie in unserem Haus zu tun war.

Tagsüber ließ mich Mutter zwar immer wieder gehen, stellte beim Abschied jedoch stets die Frage: »Du kommst doch wieder?« Dann setzte ich mich nochmals für einen Moment an ihr Bett, um ihr in Ruhe zu erklären, wohin ich ging und wann ich spätestens zurück sein würde. Schon im Krankenhaus hatte sie gelegentlich unter diesen Angstzuständen gelitten. Dann hatte nur eines geholfen, nämlich bei ihr zu bleiben und abzuwarten, bis sie sich beruhigt hatte oder eingeschlafen war. Dabei war auch die Gabe von Sauerstoff hilfreich gewesen.

Auch hier zu Hause stand das Gerät im Flur und verbreitete sein Fauchen und Zischen. Jedesmal, wenn es eingeschaltet war, bekundete Vater aufs Neue, wie wenig ihm das Gerät gefiel: »Irgendwie klingt es bedrohlich.« »Aber es tut ihr gut.«, erwiderte ich dann knapp und scharf. Wie ein Stich durchfuhr es mich erneut: Irgendwann würde Mutter gehen. Und dann? Schaffe ich das mit Vater allein? Rasch schob ich die Fragen wieder fort. Es gab wahrhaftig anderes zu bedenken.

Seitdem sie wieder hier zu Hause war, hatte Mutter darauf bestanden, dass ich und niemand anderer nachts bei ihr sein und im Nebenzimmer schlafen sollte. Das hatte sehr fordernd geklungen und bei mir für Missstimmung gesorgt, doch merkte ich sehr bald, dass sie diese Sicherheit brauchte. Oft rief sie nachts, war unruhig, hatte böse Träume, klagte über Schmerzen, bekam nicht richtig Luft, musste auf den Toilettenstuhl oder ein wenig umgebettet werden. Anfangs entschuldigte sie sich dann: »Es tut mir so leid, dass ich dich wieder wecken muss, aber ich kann es nicht alleine.« Nach einiger Zeit wurde alles für sie so beschwerlich, dass sie die Hilfe einfach nahm, oft ohne Kommentar, doch stets mit Dank. Ich selbst hatte mich inzwischen an ihren Wunsch und einen leichten Schlaf gewöhnt.

Drei Wochen waren seit Mutters Heimkehr vergangen und mein Bruder und seine Freundin hatten sich für Freitagabend angekündigt. »Da kannst du etwas Schönes unternehmen!« Den Vorschlag fand ich toll, doch irgendwie wollte sich meine ursprüngliche Absicht, mal wieder ins Kino oder Theater zu gehen, nicht so recht in die Tat umsetzen lassen und so gönnte ich mir einfach einen schönen freien Abend daheim. Ich badete, öffnete eine Flasche Sekt und saß im Bademantel in meinem Zimmer, als mir plötzlich die Idee kam, meinen Schwiegervater Earl in Kalifornien anzurufen. Seitdem wir im August einen wunderschönen Tag miteinander verbracht hatten – nur er und ich –, hatte ich nicht mehr mit ihm gesprochen.

Ich wählte die Nummer seines Mobiltelefons und hatte ihn sofort am Apparat. »Welch eine Überraschung!« Wir erzählten und freuten uns, voneinander zu hören. »Willst du nicht Weihnachten mit Marty hierher kommen?« Ich meinte meine Frage ernst. »Ach, nein«, meinte Earl, die Reise sei ihm zu beschwerlich und außerdem: »Wer weiß schon, was dann ist.« Damit hatte er wohl recht, denn keiner von uns wollte irgendeine Prognose wagen, ob Mutter dann noch leben würde. Wir verabschiedeten uns und ich war mit dem Abend zufrieden.

Am übernächsten Morgen stand ich am Herd und rührte im Hafersuppentopf, als Marty anrief. »Jetzt kann Daddy Earl wohl schon vor Weihnachten zu euch kommen.« Marty klang so sehr weit weg und ich hatte keinen Schimmer, was er meinte. »Doro, hör zu! Daddy ist tot, er ist vorletzte Nacht ertrunken.« Mein Denken setzte aus, ich wollte Marty trösten, zugleich auch wissen, was passiert war, und konnte alles nicht begreifen. Wir hatten doch noch telefoniert! – »Ja, davon hat er mir erzählt. Er hat sich noch so sehr gefreut.« Und wieder einmal war die Welt verschoben. Als ich zu Mutter ans Bett trat und ihr von Earls Tod erzählte, drückte sie nur meine Hand und sagte nichts. Erst eine Weile später kam von ihr wie aus ganz weiter Ferne: »Grüß Marty schön und sag ihm: Sein Vater ist schon da.« Ich wandte mich um und ging zurück in die Küche. Endlich konnte ich weinen.

»Ich wollte rasch mal sehn, wie's deiner Mutter geht.« Wieder einmal stand ein lieber Mensch im Flur und hielt mir einen Blumenstrauß entgegen. »Geh erst mal rein zu Vater, ich sage dir Bescheid, wenn Lotti soweit ist.« Für die Blumen griff ich eine Vase und nahm sie mit in Mutters Zimmer.

Unsere Haustür war nur nachts abgeschlossen und täglich gingen viele Menschen bei uns ein und aus. Mutter freute sich auch jetzt noch über Besuch und scheute sich inzwischen nicht, zu sagen, wenn es ihr genug war. »Jetzt werd' ich wieder müde. Ich glaub', ich muss erst mal ein wenig ruhen«, gab sie dann zu verstehen und fügte dem noch ein »Du bist mir doch nicht böse?« hinzu. Oft winkte sie den Freunden und Bekannten noch lächelnd hinterher und lehnte sich erschöpft zurück. Ja, die Besuche hatten ihre Rituale und zur Gepflogenheit des Hauses gehörte es, jeden mit einer Kleinigkeit zu bewirten oder zumindest etwas anzubieten. Sobald der Arzt das Haus betrat, war Mutters Bitte: »Du machst ihm doch jetzt seinen Tee?«, und je nach Tageszeit gab es für die, die kamen, ein Stückchen Kuchen, ein Tässchen Suppe, ein Butterbrot, dazu nach Wunsch auch Wasser, Kaffee, Tee. Manchmal kamen mehrere Besucher an einem Tag, einige von weither, einige mit dem Gedanken, Abschied zu nehmen, andere, um rasch mal bei ihr reinzuschauen.

»Hast du wohl einen Sekt offen?« Diese Frage kam so überraschend für mich, dass ich meine Mutter für einen Moment nur dumm ansah. »Ob du eine Flasche Sekt geöffnet hast? Ich hätte Appetit auf ein winzig kleines Schlückchen Sekt. Nur aus 'nem kleinen Schnapsglas.« Ich meinte noch immer nicht recht zu hören, sauste aber sofort nach oben an meinen Kühlschrank, holte die Flasche heraus und griff zwei Gläser – ein Sekt- und ein Likörglas – und schenkte beide voll. Das Kopfteil von Mutters Bett hatte ich ein wenig höher gestellt und meinen Stuhl so neben ihr platziert, dass wir beide in dieselbe Richtung schauen konnten, nach draußen, aus dem Fenster. Beide hielten wir unser Sektchen in der Hand. »Lass das unseren Vater bloß nicht sehen, der schimpft bestimmt mit uns. Weil ich doch auch Tabletten nehme.« Ich musste lachen. »Ja, na und?! Dann schimpft er eben.« Ein paar Minuten später fragte ich sie: »Was ist denn am Genießen falsch?«

Mutter schien auf den Geschmack gekommen zu sein, zumindest äußerte sie in der darauffolgenden Zeit immer mal wieder den Wunsch nach einem kleinen bisschen Eiskrem, einem Schluck Sekt oder einem Teelöffel »von dem Likör, den du im Sommer selbst gemacht hast«.

Und immer saßen wir dann nebeneinander, schauten aus dem Fenster und genossen die kurzen Augenblicke des Glücks in einer Zeit, die zugleich voller Qual und Schmerzen war.

»Ich weiß, dass ich bald sterben muss«, sagte Mutter plötzlich unvermittelt und fügte dann hinzu: »aber es ist noch so schön bei euch.« »Dann bleib doch einfach noch ein bisschen«, erwiderte ich, ohne meine Worte zuvor bedacht zu haben. Mutter sah mich an, stockte ein wenig, ehe sie dann fortfuhr: »Ich weiß, wohin ich gehe. Ins Licht. Ich werde schon erwartet.« An der Wand über ihrem Kopfende hing im Großformat das Sonnenuntergangsfoto von Volker Keß, »Lotti oder der Weg ins Licht«.

»Wollen wir einen kleinen Ausflug machen?«, fragte ich Mutter eines Vormittags und meinte damit die paar Meter von ihrem Bett bis hin zum Fenster. »Nein, Kind, das schaff ich heute nicht. Das Waschen war schon anstrengend genug. Kannst Du mir die Bettdecke ein bisschen fester über die Füße ziehen? Und hier das kleine Kopfkissen, das muss ein Tickchen mehr nach links. – Ja, so.« Ihr Körper war so unendlich empfindsam und was ihr Liegen betraf, zählte jeder Zentimeter, ja, manchmal waren Millimeter wichtig.

Ich schaute meine Mutter an und erinnerte mich an die starke, agile und robuste Frau, die sie einmal gewesen war. Ich betrachtete ihre Hände und sah, dass sie nicht mehr sonnengebräunt und von der Arbeit rau und grob, doch immer noch die Hände meiner Mutter waren. Ihre Krankheit hatte sie gezwungen, zu ruhen und loszulassen, Stück für Stück. Und noch immer war der Weg nicht ganz zu Ende.

Übermorgen würde der erste Advent sein und ich machte mich daran, die Kartons mit den Weihnachtssachen vom Boden zu holen. Tanne hatte ich bereits besorgt und es drängte mich, das Haus in diesem Jahr besonders schön zu schmücken. Überall dekorierte ich, für die Mitarbeiterinnen der Diakoniestation bereitete ich kleine Präsentbeutelchen vor und in Mutters Zimmer stellte ich ein weiteres Adventsgesteck. »Eigentlich habe ich hier ja schon genug stehen, doch deines ist so ganz besonders. Stell es ein bisschen mehr nach rechts, dann kann ich es gut sehen.« Sanft lächelte sie mir zu.

Am Nachmittag des ersten Adventsonntags saßen Vater und ich im Wohnzimmer beisammen. Und plötzlich kam mir die Idee: »Mutter soll noch einmal herüberkommen, in diese Räume.« Und schon war ich drüben in ihrem Zimmer und unterbreitete ihr meinen Plan. »Das schaff ich wirklich nicht, mein Kind.« Ich ließ nicht locker. »Wir haben doch den Klostuhl.« Gesagt, getan. Ich half ihr aus dem Bett und in die Socken, zog ihr den Bademantel über und holte die Sitzfläche für das Gefährt hervor. »Und nun geht's los.« Als wir ins Wohnzimmer geschoben kamen, stand Vater auf und nahm seine Frau liebevoll in Empfang. So hatte ich ihn seit Wochen nicht erlebt. »Magst du ein bisschen bei uns bleiben?« »Ja, für 'nen kleinen Augenblick.« Sie klang sehr schwach.

Ich setzte mich ans Klavier und begann »Macht hoch die Tür« zu spielen. Doch Mutter konnte sich nicht richtig freuen. »Ich glaub, ich muss jetzt wieder rüber«, hörte ich sie bitten. Konnte es sein, dass sie sich schon so weit von der alten Wirklichkeit verabschiedet hatte, dass ihr diese Räume nichts mehr bedeuteten? Auch meine Adventsdekoration schien sie nicht wirklich zur Kenntnis zu nehmen. Als ich mit ihr einen kleinen Umweg durch ihre geliebte alte Küche und die Speisekammer fuhr, war ihr das fast zu viel. »Es ist genug«, war ihr einziger Kommentar, als sie sich vollkommen erschöpft wieder in ihr Bett sinken ließ. »Kannst du das Kissen noch mal schütteln? Ja, so ist's gut.« Dann fing sie plötzlich an zu weinen. »Du hast alles so schön gemacht und ich kann es gar nicht genießen. Ich bin so traurig.« Und wieder einmal saß ich an ihrem Bett und tröstete.

Am 11.12. schrieb ich in mein Tagebuch: »Mutti ist in jammervollem Zustand. Viermal waren wir auf letzte Nacht – Unruhe, Toilettenstuhlgänge.«

Und einige Tage später machte ich Gebrauch vom Angebot des Arztes und wählte schon um 6.30 Uhr seine Privatnummer. »Sie klagt so sehr über Schmerzen. Was soll ich bloß tun?« Ich entschuldigte mich erneut für die frühe Störung und befolgte seinen Rat, ihr ruhig eine weitere Morphiumtablette zu geben.

Am darauffolgenden Wochenende waren Freunde aus Süddeutschland zu Besuch, das Haus war voller Leben. Immer mal wieder setzte sich jemand zu Mutter ans Bett und mein Patenkind Lara schnitt kleine Leberwursthäppchen in Herzform. »Für deine Mutter«, erklärte sie mir liebevoll und schlüpfte zu ihr ins Zimmer.

Und wieder ein paar Tage später kam Nichte Claudia mit Ehemann zu Besuch, sie wollten los in den Skiurlaub und sich noch rasch verabschieden. Ich ließ die drei allein.

Inzwischen hatte es heftig zu schneien begonnen und Mutter meinte realistisch: »Nun fahrt mal lieber los, ihr zwei.«

Am gleichen Abend kam Marty aus Amerika an, erschöpft und froh zugleich. Es war das erste Mal nach dem Tod seines Vaters, dass wir einander in den Armen lagen.

»Weihnachten heißt nach Hause kommen.« Mehrfach hatte Mutter diesen Satz in den vergangenen Tagen gesagt und jedes Mal hatte es mir einen kleinen Ruck versetzt. Ich sah, wie klein und dünn sie geworden war, nur noch Haut und Knochen. Ich spürte auch, wie sehr sie litt.

Am Heiligabend hatte Marty den Tannenbaum aufgestellt und auch das Schmücken übernommen. Vater war ihm dabei zur Hand gegangen.

Jetzt war es später Nachmittag. Ich hatte Mutter mit einer kleinen Portion Suppe gefüttert und ziemlich lange bei ihr gesessen. Nun betrat ich das Wohnzimmer. Die Kerzen am Tannenbaum brannten und aus dem Radio hörte ich ein Weihnachtslied. Dann erst sah ich, dass Vater und Marty ganz nah nebeneinander saßen, Hand in Hand. Und beide hatten Tränen in den Augen.

Ich setzte mich still dazu und schaute in den Baum. »Weihnachten heißt nach Hause kommen!« Dieser Satz wollte mir nicht aus dem Kopf gehen. Draußen fuhren die Autos nur sehr langsam, es hatte noch einmal zu schneien begonnen. Die Nachbarn machten sich auf den Weg in die Kirche und ich stand wieder auf, um nach Mutter zu schauen. Weihnachten war in diesem Jahr so anders.

Am zweiten Feiertag kamen Reinhard und Christiane und bezogen ihr Zimmer in der oberen Etage. Sie würden bis nach Neujahr bleiben. Im Haus breitete sich eine Atmosphäre von Gemeinschaft aus, die sowohl das Zusammensein mit Vater als auch die Fürsorge für Mutter einschloss. Mit ihrem ganzen Leiden war sie einbettet in unser Miteinander. Die Tür zu ihrem Zimmer stand immer einen Spalt auf und tagsüber saß oft jemand an ihrem Bett.

Der traditionelle Weihnachtsbesuch der Nachbarinnen erfreute sie, doch das sonst von ihr so sehr geliebte Klavierspiel meines Bruders war ihr zuviel. »Macht die Tür zum Wohnzimmer lieber zu, wenn Reinhard spielt«, bat sie.

Am 27. Dezember zog ich mich für einige Stunden in mein Arbeitszimmer zurück. Auch wenn der Abgabetermin für meinen Beitrag in einer Fachzeitschrift erst auf den 5. Januar datiert war, hatte ich doch plötzlich das Gefühl, ihn noch am selben Tag fertigschreiben zu müssen.

Als ich am Spätnachmittag wieder in Mutters Zimmer trat, wirkte sie unruhig und abwesend zugleich. Als sie mich bemerkte, wandte sie ihren Kopf erst zu mir und schaute dann zur gegenüberliegenden Wand. Dort hatten wir ihre frühere Küchenuhr aufgehängt, sodass sie auch hier von ihrem Krankenlager aus das zeitliche Geschehen des Hauses mitverfolgen konnte. Nicht selten war es vorgekommen, dass sie mich gegen 12.00 Uhr gefragt hatte: »Hast du Vaters Essen fertig?« oder dass sie sich um 16.00 nach dem »Kaffee für

Heinrich« erkundigte. Sie war noch immer interessiert gewesen.

In diesem Moment jedoch versteinerte ihr Gesicht und ihr Blick war angstvoll, ja fast böse. Mit der Hand deutete sie auf die Uhr. »Nehmt dieses Ding da weg!«, sagte sie barsch und bestimmend. Und gleich hinterher: »Marty soll diese Uhr runternehmen.« Wenige Minuten später stand Marty auf einem Stuhl und nahm die Uhr von der Wand.

Der Arzt war eingetroffen und hatte sich wie gewohnt einen Stuhl neben Mutters Bett gerückt. Er erkundigte sich nach ihrem Befinden, sie antwortete leiser als sonst und schwieg. Ich sah, wie er ihre Hand nahm und behutsam ihren Unterarm erst hinauf, dann wieder herunterstrich. Während sie ihre Augen bereits wieder geschlossen hatte, betrachtete er sie schweigend. Dann stand er auf, beugte sich leicht über ihr Bett, drückte noch mal ihren Arm und sagte dabei ganz leise: »Machen Sie's gut, liebe Frau Jöllenbeck.«

Als wir draußen im Flur standen und ich ihm seine Jacke von der Garderobe reichte, spürte ich seine Hand auf meiner. »Es wird nicht mehr allzu lange dauern.« Und als Erklärung fügte er hinzu: »Der Körper Ihrer Mutter hat keinerlei Nahrung mehr.« Ich nickte nur still und öffnete ihm die Türe nach draußen. Er war mir ein treuer und verlässlicher Begleiter gewesen in diesen letzten Wochen.

Gesegnet durch die letzten Stunden

In der darauffolgenden Nacht war mein Schlaf besonders leicht. Immer wieder stand ich auf und schaute nach Mutter. Am frühen Morgen schreckte ich von ihrem lauten Schreien hoch. »Mein Bein, mein Bein, Hilfe, mein Bein!« Doch als ich an Mutters Bett trat, verstummte sie und schaute mich mit großen, wachen Augen an. Erst glitt ein Lächeln über ihre Züge, dann richtete sie sich ohne jede Hilfe auf und sagte mit kräftiger und klarer Stimme. »Meine liebe Dorothea!« Sie dankte mir für alles, was ich für sie getan hatte, ergriff dann meine Hand und sprach für mich einen Segen. Dabei sah ich ihre leuchtenden Augen.

Völlig verschlafen und etwas verwundert war Marty aus dem Nebenzimmer gekommen und stand nun neben mir. Sie erblickte ihn und richtete das Wort an ihn: »Mein lieber, lieber Marty! Du bist ein guter Mann für meine Tochter.« Sie sprach erneut einen Segen, diesmal für ihn und unser gemeinsames Leben. Ohne bewusst darüber nachzudenken, huschte ich aus dem Zimmer, rannte die Treppe hinauf, klopfte kurz bei meinem Bruder an und flüsterte ihm ein »Kommt ganz schnell runter« zu. Wenige Minuten später standen wir alle vier um das Bett unserer Mutter. Als diese Reinhard sah, ging ein Strahlen über ihr Gesicht: »Mein lieber Sohn, du bist mein Ältester, mein Erstgeborener.« Ihre Stimme war noch immer klar und kräftig und ihre Augen füllten sich mit Tränen, als sie für ihn den Segen sprach. »Und du, du mit den leuchtenden Augen«, sprach sie schließlich Christiane, deren Name ihr trotz sichtlichen Überlegens nicht einfallen wollte. Auch ihr dankte sie für alle Liebe und Fürsorge in den vergangenen Wochen. Jetzt war es mein Bruder, der das Zimmer verließ und nach oben lief. Vater sollte hier nicht fehlen. Doch als die beiden Männer zusammen an Mutters Bett ankamen, hatte diese sich bereits wieder zurück in ihre Kissen sinken lassen. Ruhig und mit geschlossenen Augen lag sie da und atmete schwer. Als sie die Augen leicht öffnete und mich sah, wirkte sie verwirrt. »Wiiie?», kam es langgezogen aus ihr heraus, »Ich bin noch nicht im Himmel?!« Ein eigentümliches Empfinden lief mir über Rücken und Arme und ich musste mich ein wenig sammeln. »Nein, Mutti«, erwiderte ich und wunderte mich selbst über meine beherzt heitere Antwort, »noch musst du hier mit uns vorlieb nehmen.»

Der begonnene Tag zog sich still und qualvoll hin, Mutter verfiel mehr und mehr in einen Dämmerzustand. Manchmal jammerte sie oder schrie kurz auf. Gewaschen worden war sie im Bett und außer gelegentlichen kleinen Schlucken Wasser oder Tee nahm sie nichts mehr zu sich. Ihr Atmen war von einem Röcheln begleitet. Hin und wieder fuhren wir ihr mit einem mit Zitronenwasser getränkten Wattebausch durch den Mund. Einer von uns war immer bei ihr. Auch Vater setzte sich öfter als gewohnt zu ihr ans Bett.

Draußen herrschte unwirtliches Wetter, Schneeregen peitschte über die Felder und ein heftiges Gewitter verlieh dem Geschehen eine zusätzliche Dramatik.

Als an diesem Abend die Diakonieschwester für Vater kam, nahmen wir sie einfach für Mutter in Anspruch. Wir rieben ihr den Rücken ein und betteten sie noch einmal neu. Auch dabei schrie sie wieder: »Mein Bein, mein Bein!« »Siehst du die roten Flecken?«, fragte mich die Schwester. »Nun hat sie es bald geschafft.« Tröstend nahm sie mich zum Abschied in den Arm.

»Geht ihr erst mal ins Bett«, bot ich meinem Bruder an. »Marty und ich übernehmen die ersten Stunden bis Mitternacht und dann wecken wir euch.«

Noch war ich bemüht, Mutter in regelmäßigen Abständen etwas Flüssigkeit zukommen zu lassen oder ihr den Schleim aus Mund und Rachen zu entfernen. Behutsam hob ich dafür ihren Kopf an und sagte leise ein paar Worte. Sie reagierte kaum, öffnete nur dann und wann matt ihre Augen oder stieß ein leises Klagen aus. Die Zeit kroch irgendwie dahin.

Es war gegen Mitternacht, als Marty zu mir sagte: »Ich glaube, sie muss die Tür jetzt selber finden.« Ich verließ meinen Platz am Kopfende von Mutters Bett und wir gingen zum Fenster. Dort setzten wir uns auf den Boden und hielten einander bei den Händen. Mutter war in ihrem Bett keine zwei Meter von uns entfernt. Ich schloss meine Augen und versuchte, Körper und Geist ruhig werden zu lassen, ähnlich wie bei einer Meditation.

Als wir wieder aufstanden und zu Mutter ans Bett traten, hatte sich ihr Gesicht und auch ihr Atmen sehr verändert. Ich wusste, dass es soweit war. Ich schaute Marty an, er verließ den Raum und wenige Minuten später standen wir erneut zu viert um Mutters Bett, diesmal, um sie in ihrem letzten Atemzug zu begleiten.

Als Vater am frühen Morgen an das Bett seiner verstorbenen Frau trat, war mir, als sähe ich einen anderen Mann als den, der in den letzten Wochen und Monaten um mich gewesen war. Er weinte, als er sich über sie beugte. Dann gab er ihr einen Kuss auf ihre kalte Stirn: »Meine liebe, liebe Lotti! Jetzt musst du nicht mehr leiden.« Er war sehr traurig und wirkte zugleich stark, gefasst und auch erleichtert. An uns gerichtet sagte er noch »Habt Dank für alles.« Dann drehte er sich um und ging hinaus.

Es klingelte an der Haustür und Sigrid, die Leiterin der Diakoniestation, trat in den Flur. Behutsam öffnete ich die Tür zu Mutters Zimmer. Auf der Fensterbank brannte die Salzleuchte, die ich bereits in der Nacht angezündet hatte, und die Stehlampe in der Ecke gab ein warmes Licht. »Sie sieht so friedlich aus, fast glücklich.« Sigrid hatte für einige Augenblicke still an Mutters Seite gestanden und wandte sich jetzt mir zu. »Hilfst du mir?« »Natürlich«, nickte ich bejahend. Ich ging in die obere Etage und holte das blau gepunktete Kleid aus Mutters Kleiderschrank. »Das möchte ich gern im Sarg anhaben«, hatte sie schon vor etlichen Wochen geäußert. Gemeinsam wuschen wir den kalten, steifen Körper meiner Mutter, kleideten sie an und betteten sie neu. »Du hast recht, es ist fast wie ein Lächeln.« Ich hielt inne und ließ meinen Blick für eine Weile auf Mutter ruhen. »Wie schön sie aussieht. Ich glaube, Vater hatte recht: Sie hat jetzt keine Schmerzen mehr.«

Leise schob sich die Tür auf und mein Bruder kam herein. Auch er trat ans Bett, neigte den Kopf leicht zur Seite und betrachtete unsere tote Mutter. Dann strich er über ihre gefalteten Hände, warf mir einen kurzen Blick zu und verschwand aus dem Raum. Als er zurückkam, hatte er Vater, Christiane und Marty im Gefolge. Als kleine Trauergemeinde standen wir um Mutters Bett. Mein Bruder schlug das Losungsbuch auf und las den Vers des Tages.

»Habt Dank für diesen Abschied!« Sigrid war sichtlich berührt, als wir uns umarmten und sie dann schnell zur Haustür hinausschlüpfte. Wenig später sollte für uns die Betriebsamkeit dieses Tages beginnen. Zugleich hatte es etwas sehr Tröstliches, dass wir Mutter noch im Hause wussten. Immer wieder verschwand einer von uns im Totenzimmer. »Ich gehe noch mal eben zu ihr«, sagte auch Vater mehrfach an diesem Tag.

Viele Menschen kamen, um Abschied zu nehmen. Wir begleiteten sie in Mutters Zimmer und ließen sie dann mit der Verstorbenen allein. Im eigenen Erleben dieser Tage begriff ich die Bedeutung der alten Sitte, die Toten noch zu Hause aufgebahrt zu lassen. Es war Gelegenheit und Zeit zum Abschiednehmen. Weinend stand die Nachbarin im Flur: »Fünfzig Jahre gelebte Nachbarschaft sind nun zu Ende.«

Die Aussegnung von Zuhause fand am darauffolgenden Morgen statt. Es war Silvester, der letzte Tag des alten Jahres. Im engsten Familienkreis waren wir um Mutters Sarg versammelt. Wortlos griff Pastor Hanke in seine Jacketttasche und holte eine Karte hervor. »Lotti oder der Weg ins Licht«, begann er seine kleine Ansprache. In diesem Moment ergriff mich meine ganze Traurigkeit und ich umklammerte Martys Arm, so fest ich konnte.

Als der Sargdeckel geschlossen wurde, wusste ich, dass meine Mutter von nun an Erinnerung sein würde. Draußen lag Schnee und mir kam es vor, als hätte jemand den Ton abgeschaltet, als der Leichenwagen fast lautlos mit Mutters Sarg davonfuhr.

»Erwähle mich zum Paradeis«, hatten wir gerade während der Trauerfeier gesungen. Jetzt traten wir hinaus aus der Friedhofskapelle und standen in der kalten Wintersonne hinter Mutters Sarg. Ich spürte Vater an meinem rechten Arm und wunderte mich, wie tapfer er in dieser Situation war. Als wir die ersten Schritte taten, schüttelte er unter Tränen den Kopf:

»Dass ich mal hinter Lottis Sarg hergehen würde!«, und wie zur Bestätigung fügte ich hinzu: »Das hätte früher wirklich niemand geglaubt.«. Als wir vom Hauptweg abbogen, warf ich einen kurzen Blick zurück. Noch immer kamen Menschen aus der Kapelle und folgten uns zum Grab.

Erst am Morgen des Vortages waren Reinhard, Marty und ich hier auf dem Friedhof gewesen, um ein geeignetes Grab auszusuchen. Uns so standen wir nun vor der Grabstätte Nummer 42. Vater hatte eine Schaufel Erde ins Grab geworfen und während ich meine Blicke noch auf dem wunderschönen bunten Blumengesteck dort unten ruhen ließ, sah er sich bereits suchend um. »Tilman und Marty können mich nach Hause bringen. Mir wird jetzt doch ein bisschen kalt.« Und wie vereinbart traten die beiden jüngeren Männer zu ihm, nahmen ihn am Arm und begleiteten ihn heim. Es war ausdrücklich sein Wunsch gewesen, nicht Teil des Beerdigungstrubels, sondern lieber allein für sich zu sein. »Ich trinke dann in Ruhe meinen Kaffee und kann dabei an Lotti denken.« Ich war beeindruckt von ihm und ahnte schon da, dass sich mein Verhältnis zu ihm noch einmal gründlich ändern würde.

Auch nach der Beerdigung blieben wir als Familie beieinander. Die hinter uns liegenden Tage hatten uns verändert, wir waren eineinander so nah und noch immer schien die Zeit fast angehalten.

Am 6. Januar feierten wir Vaters 88. Geburtstag; das war der Abschluss einer langen, gemeinsam zurückgelegten Wegstrecke. »Es war eine gute Zeit!» In diesem Empfinden nahmen wir an jenem Abend Abschied voneinander. Marty war bereits zu Hause in den USA, für Reinhard und Christiane fing am nächsten Tag die Schule wieder an und für Vater und mich sollte ein neuer Lebensabschnitt beginnen.

«Ruf an, wenn du uns brauchst», rief mir mein Bruder im

Wegfahren zu. Ich stand und winkte noch immer, als das Auto schon längst in der Dunkelheit verschwunden war.

Im Haus war es so ungeheuer leer.

Während der darauffolgenden Tage war mir nach Weinen zumute und ich fühlte mich dünnhäutig und verletzlich. Vater schlich wie ziellos durchs Haus, von einem Zimmer zum anderen, als würde er nach etwas suchen, und es schien, als müssten die Stunden erst wieder ihren gewohnten Rhythmus finden. Nur Katze Metaxa lag still an ihrem gewohnten Platz unter der Heizung. Gelegentlich meinte ich das fauchende Geräusch des Sauerstoffgerätes zu hören und doch war es nicht da.

Ich räumte Mutters Kranken- und Sterbezimmer auf und stellte alle ausgeliehenen Sachen abholbereit zurecht. Ich wollte Mutter etwas fragen und wusste doch, sie war nicht da, war fort, unwiederbringlich und für immer. Ich war mit Vater ganz allein. Die unbestimmte Angst, die ich schon kannte, beschlich mich erneut.

In den Nächten träumte ich von meiner Mutter und eines Abends hörte ich Schritte auf der Treppe. Tagsüber hatten Vater und ich darüber gesprochen, wie es wohl wäre, wenn sie noch einmal wiederkäme.

Sie fehlte mir und all die Lücken, die sie ließ, waren schmerzlich spürbar. Wir waren einander so nah gewesen, hatten miteinander gelebt; ich hatte ihre Zeit mit ihr geteilt und sie dann schließlich abgegeben. Erst ganz behutsam und allmählich gewann das Neue Raum.

Später, beim Aufräumen von Mutters Sachen, förderte ich eine Rechnung des «Tatenhausener Gasthofes» vom 20.7.2000 zutage. Die war von jenem Tag, an dem Mutter und ich eine Bekannte besucht hatten und anschließend «konditern» waren. Den Zettel klebte ich in mein Tagebuch, schrieb »Unwiederbringlich!!« darunter und dann die Anmerkung: »Lebe jetzt und so, als wäre es der letzte Tag.«

»Carpe Diem!«, hörte ich auch Vater häufiger sagen.

»Carpe Diem!« – Ein neuer Lebensabschnitt

Auch wenn sich nach Mutters Tod vieles in unserem Haus veränderte, blieben Vaters Gewohnheiten und Rituale doch weitestgehend dieselben. Nur wurden sie mir jetzt nochmals deutlicher als zuvor.

Mit großer Regelmäßigkeit kam morgens und abends jemand von der Diakoniestation und auch der Rest des Tages war durch die zeitlich genau festgelegten Mahlzeiten klar strukturiert. Nicht nur im Hinblick darauf, wann, sondern auch was er essen wollte, hatte Vater sehr konkrete Vorstellungen. Diese allerdings stellten keinerlei Anforderungen an meine Kreativität. Sowohl der morgendlichen Haferflockensuppe als auch dem mittäglichen Eintopf lagen Mutters jahrzehntelang erprobte Rezepte zugrunde. Da galt es lediglich an jedem Morgen neu zu klären, welches Gemüse und welche Fleischsorte den fünf Kartoffeln und dem knappen halben Liter Wasser hinzugefügt werden sollten.

Nicht nur der Speiseplan war Gegenstand unserer morgendlichen »Besprechungen«, auch alle anderen Erledigungen wurden täglich nach dem Frühstück eingehend erörtert. Da gab es Arztrezepte und -besuche, Bank, Post, Frisör und Einkaufslisten, die Wäsche- und Spaziergehwünsche. Den Frisör rief Vater in regelmäßigen Abständen an, um ihn für den nächsten Abend zu bestellen und auch den Arzt ließ er am liebsten ins Haus kommen.

Hatte er früher soziale Kontakte eher als Belastung empfunden, sie Mutter überlassen oder sogar aktiv vermieden, genoss er es jetzt mehr und mehr, wenn alte Freundinnen kamen und sich ein bisschen zu ihm setzten. Zu meiner Überraschung griff er gelegentlich selbst zum Telefon, um Kontakt zu halten oder auch, um bei Margret seinen Lieblingskuchen zu »bestellen«.

So unausstehlich ich Vater in der Zeit vor Mutters Tod gefunden hatte und so ungewiss mir seinerzeit schien, ob ich weiter mit ihm zusammen in einem Haus leben könnte, so klar hatte sich meine Entscheidung inzwischen herauskristallisiert: Mein Versprechen, da zu sein, sollte auch für Vater gelten – am liebsten natürlich mit Marty an meiner Seite.

Auch dieser Wunsch ging in Erfüllung: Ende Oktober 2002 kam mein Mann mit Sack und Pack nach Deutschland. Diesem Schritt waren einige Turbulenzen vorausgegangen und nicht zuletzt mein rasendes Herz hatte dazu beigetragen, dass wir nach all den Jahren unserer Globetrotter-Ehe die Beziehung auf Distanz endlich aufgaben.

»Wo ist Ihr Mann?«, hatte der Hausarzt gefragt und mich eindringlich angeschaut, bevor er ein Belastungs-EKG machte und mir nach erfolgter Diagnose kein Medikament, sondern die Nähe meines Mannes verordnete. Gesagt, getan.

Die befürchteten Nebenwirkungen dieser eigenwilligen »Medizin« blieben aus, Marty lebte sich in Werther ein, bekam seine Aufenthaltsgenehmigung und lernte Deutsch. Vaters Hartnäckigkeit wirkte durchaus förderlich: »Du lebst jetzt hier in Deutschland, da musst du das auch lernen.« Und während er mit Martys Mutter am Telefon gelegentlich englische Sätze wechselte, war er mit seinem Schwiegersohn unerbittlich und sprach ausschließlich deutsch mit ihm. Seiner Ansicht nach trug auch das morgendliche Vorlesen der Losung zur Schulung des Sprachvermögens bei. Dieses Ritual entsprach zwar nicht unbedingt unserem eigenen religiösen Geschmack; trotzdem nahm mein Mann die Herausforderung an: »Mein Bibeldeutsch ist schon ganz gut, findet ihr nicht?«

Seitdem Marty zu uns gezogen war, war eine weitere Verbesserung in Vaters Zustand und Befindlichkeit erkennbar. Für ihn war Martys Anwesenheit die leibhaftige Garantie dafür, dass ich es ernst gemeint hatte mit meiner Zusage an ihn. Und so nahm auch der zweite Teil des »Projekts Eltern« eindeutig Gestalt an, wir nannten es jetzt »Projekt Heinrich« und Marty spielte darin eine wesentliche Rolle.

Nicht selten warf er sein Einhalt gebietendes »Okay, ihr beiden!« ein, wenn Vater und ich uns in einer Auseinandersetzung zu verstricken drohten, mehrfach blieb er mit Vater zu Hause, wenn ich für einige Tage verreisen musste und immer wieder kam vor es, dass ich »meine beiden Jungs« – wie ich sie fortan nannte – im intensiven Gespräch miteinander, einmal sogar gemeinsam vor Martys Computer sitzend vorfand. »Wo ist denn nun das Internet?«, wollte Vater wissen und starrte weiter auf den Bildschirm. Die Antwort war für beide nicht ganz einfach.

Irgendwie gelang es uns im Laufe der Zeit, dass Vater seine Gewohnheiten beibehalten konnte und wir unser Leben gewissermaßen in das Geflecht dieser Gewohnheiten hineinwoben. Natürlich kam es auch vor, dass er sich den von uns zurechtgestellten Nachmittagskaffee selber aufgießen oder sich das mundgerecht vorbereitete Abendessen allein aus dem Kühlschrank holen musste und in seltenen Ausnahmefällen bat ich die Nachbarin, ihm den Mittagstopf ins Esszimmer zu tragen. Einige Situationen »verkaufte« ich Vater humorvoll mit den Worten: »Eine gewisse Eigenaktivität gehört einfach zum Konzept dieses Hauses, Herr Dr. Jöllenbeck«, woraufhin er manchmal lachte – manchmal aber auch nicht.

Irgendwann war nicht mehr zu übersehen: Mein Vater hatte sich verändert. Beispielsweise war es, solange ich denken konnte, eigentlich egal gewesen, welche Frage man ihm bezüglich seines Befindens gestellt hatte: Immer brachte er dieselben Klagelieder von Schlaflosigkeit, Leibschmerzen, Unwohlsein, kalten Füßen, Schwachheit, Beklemmungen und sonstigen Unannehmlichkeiten vor. Meine Mutter hatte häufig geseufzt: »Diiiiie alte Litanei nun wieder!« So herzlos dies geklungen haben mag, diente es doch auch ihrem Selbstschutz und hatte entlastenden Charakter. Ich selbst hatte es für angebrachter gehalten, die Frage »Wie geht es dir?« erst gar nicht mehr zu stellen. Vater verfügte über Möglichkeiten, uns auch ungefragt wissen lassen, dass es ihm schlecht ging.

Das war nun anders. Bei unseren morgendlichen Begrüßungen richtete ich inzwischen ein unbefangenes »Und wie ist es heute Morgen mit dir?« an meinen Vater, und immer häufiger bekam ich ein »Ach, ganz gut« oder »Ich bin zufrieden« zur Antwort. Seltsam allerdings, dass ich mich an den positiven Grundton seiner Antworten nur ganz allmählich zu gewöhnen schien.

Vater entfaltete Verhaltensweisen und Charaktereigenschaften, die mir an ihm zeitlebens nie begegnet waren, und manchmal wünschte ich mir sehnlichst, dass Mutter dies alles hätte erleben können. Die frischen Rosen zum Beispiel, die Vater uns für ihr Grab kaufen ließ, den zarten goldenen Ehering an seinem Finger, den er früher nie getragen hatte, jetzt aber gelegentlich aufsteckte und dazu sagte: »Ich denke heute so an Lotti«, das Lachen über seine eigenen kleinen Scherze und nicht zuletzt die Dankbarkeit, die er uns entgegenbrachte. »Danke für alles«, sagte er abends nun des öfteren. Und wenn ich ihn dann seltsam ansah, erklärte er es mir noch einmal genauer: »Für alles, was du heute für mich getan hast.« Das wäre auch in den Ohren meiner Mutter ein schöner Ton gewesen und Balsam für ihr Herz.

Zur Wehr setzte ich mich regelmäßig, wenn Vater mich mit ihr verglich, beispielsweise wenn ich im Garten gearbeitet hatte und er mir froh entgegen kam: »Du sahst genauso aus wie Mutter.« – »Die bin ich aber nicht. Ich will auch weiter Dorothea bleiben!«

Nach wie vor liebte ich unsere Spaziergänge. Sie waren, wie bereits erwähnt, nicht wegzudenken aus dem Tag. Mit einem »Heute würde ich gern zu Lotti fahren« oder »Ob wir wohl mal zum Friedhof gehen? Ich fühle mich ganz gut?!« tat Vater seine Absicht kund. Zunehmend bekamen auch die Besuche an Mutters Grab ihr festgelegtes Ritual. Da klang es fast wie ein Gebet, wenn Vater dastand und sagte: »Heute sind wir an dein Grab gekommen.« Weitere Betrachtungen folgten. Während Mutter für mich eigentlich überall, besonders aber in ihrem früheren Gemüsegarten präsent war, war für Vater dies der Ort, an dem er sich ihr nahe fühlte. »Was meinst du, ob sie uns jetzt sieht?« Diese Frage beschäftigte ihn ebenso sehr wie der Gedanke, dass ihr Körper jetzt Ruhe hatte. »Kein Krebs wächst weiter mehr in ihr. Sie braucht auch keine Schmerzmittel mehr. Ich finde das enorm beruhigend«, erklärte er mir mehr als einmal.

Ich hielt das Grab gern in Ordnung, doch noch während ich damit beschäftigt war, die nicht mehr ganz frischen Blumen auszusortieren, drängte Vater oft zum Weitergehen. »Verwelken gehört zum Leben«, meinte er und ich fand, dass er damit durchaus recht hatte.

Wenn wir den Weg zum Friedhof nicht zu Fuß, sondern mit dem Auto zurückgelegt hatten, verabschiedeten wir uns von Mutters Ruhestatt, wanderten weiter und besuchten gelegentlich die Gräber anderer Verwandter und Bekannter. Manchmal fanden wir die jeweilige Grabstätte nicht sofort. Dann erheiterte uns der Gedanke, die Verstorbenen hätten sich inzwischen aus dem Staub gemacht. »Die Zähne sind das letzte, das vergeht«, erklärte Vater mir nicht ohne Stolz. Und als Bewegungslehrerin mit Schwerpunkt »Skelett, Struktur und Selbstwahrnehmung« fügte ich meine Sicht der Dinge dann hinzu: »Die Knochen bleiben auch recht lange.«

Nicht nur solche heiteren Gespräche waren neu zwischen uns beiden, sondern auch die Auseinandersetzung mit Vergangenem, das uns belastete. An ein Vorkommnis erinnere ich mich besonders: Am Vorabend waren wir bei Freunden zu einer kleinen Feier gewesen. Dort hatten wir eine Frau getroffen, die vor gut zehn Jahren als diensthabende Schwester die Einlieferung unseres aufgrund seines Suizidversuches bewusstlosen Vaters hautnah miterlebt hatte.

In sehr bewegender Weise beschrieb sie mir an diesem Abend den Konflikt, dem sie sich in jenen Augenblicken ausgesetzt fühlte: Dort vor ihr auf der Trage der Mann, der sich nichts dringlicher wünschte, als aus dem Leben zu gehen und der einen entsprechenden Brief hinterlassen hatte. Und daneben, mit ihr zusammen, die Ärzte und anderen Schwestern, die ihrer medizinisch-ethischen Verpflichtung nachkommen sollten und wollten, alles Erdenkliche zu tun, um sein Leben zu retten und zu erhalten.

Ihre damalige Ratlosigkeit und ihr Fragen, ihre Not gingen mir nahe. Bei mir regte sich erneut die Wut von damals und damit auch die an Vater gerichtete Anklage: »Hast du denn nicht an uns, an Mutter und an all die anderen gedacht?«

Mit einem Mal war ich wieder mittendrin in dem damaligen Geschehen. Es war offenkundig, dass ich es immer noch mit mir herumtrug, es nicht verstanden, geschweige denn verziehen hatte. Ich war den Tränen nahe, wollte möglichst rasch nach Hause, es trieb mich diese schwere, beunruhigende Last.

Hand in Hand gingen Marty und ich den relativ kurzen Weg zurück zum Haus meiner Eltern. Ich meine mich zu erinnern, dass mir mein Mann während dieser Strecke zwar ein paar Fragen stellte, mir ansonsten jedoch schweigend zur Seite war. Am nächsten Morgen ließ er länger als sonst auf sich warten, ehe er im Esszimmer auftauchte.

Vater und ich hatten zu frühstücken begonnen und während ich zunächst bemüht war, eine eher harmlos klingende Antwort auf seine Frage nach dem gestrigen Abend zu finden, übermannten mich dann doch meine Gefühle, als ich von unserer Begegnung und dem Gespräch mit jener Schwester zu erzählen begann. »Sie hatte damals Dienst, als du eingeliefert wurdest.» Meine Stimme muss scharf geklungen haben. Im selben Tonfall fuhr ich fort: »Weißt du überhaupt, in welche Situation du diese Menschen gebracht hast? Unglaublich! Warst du dir denn darüber nicht im Klaren?« Meine Worte und mein Blick waren vorwurfsvoll und nachdrücklich.

Ich verstummte. Vater hatte zu essen aufgehört und seinen Löffel sorgsam auf dem Rand seines Tellers abgelegt. Schweigend und mit großer Ruhe blickte er mich an, Traurigkeit schien sich mit Klarheit und Kraft zu mischen, als er seine Worte fand und an mich richtete: »Weißt du, damals war es nur dunkel, in mir und um mich herum. Heute kann ich es selbst nicht mehr verstehen. Ich würde es nie wieder tun. Aber damals gab es nur noch diesen einen Gedanken.«

Er hielt inne und sah mich dabei weiter an. Ein kaum erkennbares Lächeln lag auf seinem Gesicht, ein Schein von Ermunterung, die er mir zuwarf. All meine Fragen, Vorwürfe und Anmerkungen verstummten, seine Entschiedenheit und seine Bitte erreichten jetzt auch mich: »Lass uns das Ganze endlich ruhen lassen. Ich möchte nicht mehr darüber sprechen.« – »Okay.« Ich nickte und ließ meine Lippen fester als sonst aufeinander ruhen. Ich brauchte noch eine kleine Weile, eh ich begriff, dass alles gut war und dass wir einen

Schlussstrich ziehen konnten. »Okay«, sagte ich erneut und lächelte nur knapp. Dann stand ich auf und griff nach Vaters Teller. Ein kleiner Rest von seiner ersten Portion war noch darauf. Ich ging damit in die Küche und füllte Heißes nach. Ich hatte ihn verstanden.

Das Ringen um Sicherheiten

Schon vor mehreren Wochen hatte mich eine Freundin eingeladen, mit ihr gemeinsam zu einem Bewegungskurs nach Essen zu fahren. Ich hatte Rücksprache mit meinen beiden »Jungs« gehalten und meiner Reise stand nichts mehr im Wege. Ich freute mich sehr darauf, selbst mal wieder an einer Fortbildung teilnehmen zu können.

Dementsprechend groß war meine Enttäuschung, als ich am Vorabend des Seminartages die Information bekam, dass die Referentin krank und der Kurs abgesagt sei. Getreu der Empfehlung des Dalai Lama, auch das, was man nicht bekommt, als Geschenk anzunehmen, war ich gespannt darauf, was mich stattdessen wohl erwarten würde.

Es sollte harte Arbeit werden. Der plötzlich »freie« Tag schien mich anzustacheln, all das zu erledigen, was bisher liegengeblieben war. Ich begann, im Haus umherzurennen, zu sortieren, zu reinigen und zu ordnen, bügelte mehrere Stapel Wäsche weg und brachte schließlich auch noch die Küche auf Vordermann. Doch anstatt mich zu freuen über all das, was ich geleistet hatte, wurde ich verbissen, aggressiv. Während ich putzte und schrubbte drehten sich meine Gedanken im Kreis: um's Geld, um Aufopferung und Liebe.

»Du brauchst es nur zu sagen, wenn du Geld benötigst«, lautete von jeher die Devise meines Vaters. Was großzügig klang, hatte sich für mich inzwischen als Grausamkeit erwiesen. Ich stand am Küchenspülstein, mein Scheuern wurde vehementer. Die Wut kam in mir hoch und bahnte sich als Weinen ihren Weg. »Ich opfere mich hier auf und muss dann auch noch bitten?!« Fast übel wurde mir beim Gedanken an die Frage meines Vaters: »... und wofür brauchst du es diesmal?« Ich bekam heftige Magenschmerzen und musste meine Arbeit erst einmal niederlegen. Als ich in die Küche zurückkehrte und mich wieder an den Platz am Spülstein stellte, packte mich die Erkenntnis, dass hier nicht nur mein eigener Schmerz aufbrach. »Wie oft hat Mutter hier gestanden, voller Ärger, Wut und Aggression?!« Ganze Filme rauschten vor meinem inneren Auge vorbei, mir war, als stünde Mutter neben mir. Und wieder flossen meine Tränen und mir war klar, sie hatte das Problem niemals gelöst.

»Dann muss ich das jetzt wohl tun – für mich, für sie und um zu neuen Mustern zu gelangen.« Mein Scheuern wurde langsamer und eine seltsame Weichheit machte der bisherigen Anspannung Platz.

Ich musste dringend mit Vater sprechen, ihm ehrlich erzählen von meinen Gefühlen, meinem Ringen und meinen Überlegungen und schließlich auch um mit ihm gemeinsam über eine klare finanzielle Regelung zu beraten. Das sollte möglichst bald geschehen, doch nicht gleich heute. Erst wollte ich mit Marty über meine innere Reise zu den alten Mustern sprechen und die neuen Erkenntnisse verdauen. Ich fühlte mich unendlich müde und erschöpft und plötzlich auch zufrieden.

»Ich brauche eine Audienz«, kündigte ich meinem Vater an. Dann machte ich mir Notizen zur Klärung und zur Vorbereitung. Ich wusste, was ich wollte. Und als ich mich am Montagmorgen in Vaters Zimmer niederließ, fühlte ich mich ausgesprochen klar und nüchtern und gut in der Lage, ihm mein Anliegen ohne Vorwürfe oder Anschuldigungen vorzutragen.

Nie hätte ich zu hoffen gewagt, dass wir einander unsere – mit dem Thema Geld verknüpften – Wahrheiten in so großer Offenheit würden darlegen und besprechen können. »Mach einen Vorschlag!«, forderte mich mein Vater auf, nachdem ich ihm meine Erlebnisse geschildert hatte. Er stimmte meinen Überlegungen zu und begann dann, über sich zu sprechen, von seiner Angst und seinem Sicherheitsbedürfnis, von seiner Sorge darum, dass das, was er besaß, nicht reichen könnte. Dies hatte ich schon oft, ja, wie mir schien, schon hundertfach gehört und dennoch klang es diesmal anders. Ich hörte meinem Vater zu.

Die an diesem Morgen vereinbarten finanziellen Regelungen sollten sich in Zukunft als brauchbar, sinnvoll und hilfreich erweisen und um seine Sicherheit brauchte sich Vater von Stund an wirklich nicht zu sorgen: Wir gaben sie ihm täglich.

Das »Carpe Diem«, das ich kurz nach Mutters Tod in mein Tagebuch notiert hatte, kam mir immer neu zu Bewusstsein und veränderte mein Erleben.

Ganz bewusst lauschte ich auf die gewohnten Türöffnen, Schlurf- und Murmelgeräusche. Manchmal trieb mich der Gedanke um, dass ich doch eigentlich Wichtigeres zu tun hätte, als morgens um 9.00 Uhr noch mit meinem Vater am Frühstückstisch zu sitzen. Andere waren längst in ihren Büros, Klassenräumen oder Kursen und gingen wichtigen Tätigkeiten nach. Auch ich hatte oft dringend zu Erledigendes auf dem Schreibtisch liegen.

Nicht immer, aber oft ging mir dann blitzschnell durch den Kopf: »Es könnte ja auch der letzte gemeinsame Frühstücksmorgen sein«, und ich blieb noch ein Weilchen sitzen.

In absehbarer Zeit würde Vater 90 Jahre alt werden. Wenn es bis dahin auch noch einige Wochen waren, so bahnte sich allmählich ganz behutsam heiter die Vorfreude auf das große Ereignis ihren Weg. Hatte Vater früher allem, was mit Feiern zu tun hatte, mit Sorge entgegengeblickt und vieles schlichtweg abgelehnt, so wollte er sich dieses Mal nun doch entsprechend gewürdigt wissen. Und auch ein bisschen feiern. »Zu Hause aber, nicht im Restaurant. Und auch nicht übertrieben groß.« Wir besprachen alles und ich kaufte ihm ein schickes, neues, weißes Hemd. Uns Kindern war es ein Vergnügen und tatsächlich auch eine Ehre, ihm diesen Tag schön zu gestalten. Und siehe da: Lebendig, fröhlich und zufrieden genoss er jeden Augenblick. Er wirkte kaum erschöpft, eher glücklich, als er sich, später als gewohnt, in Richtung Schlafzimmer bewegte.

Erstaunlich, mein Vater!

Was heißt »Flirt« auf Englisch?

Der »große Tag« war vorbei. Der ausführliche Bericht darüber in der Lokalzeitung lag ausgeschnitten und mehrfach kopiert auf meinem Schreibtisch und wartete darauf, an Bekannte und Verwandte verschickt zu werden. Eingebettet in den feinfühlig verfassten Text war ein Foto meines Vaters zu sehen. Den Blick leicht gesenkt und sinnend nach innen gerichtet, war er zugleich ganz aufmerksam und ein kaum erkennbares Lächeln lag auf dem weichen Gesicht. Er saß in seinem großen Sessel, die schmale Hand von den Händen einer Gratulantin wie wärmend umfangen.

Monate später sollte ein Ausschnitt desselben Fotos erneut im Lokalteil der Zeitung erscheinen, dann allerdings ohne die Gratulantin im Bild und unter der Überschrift »Nachruf«.

Die auf Vaters Geburtstag folgenden Wochen und Monate gestalteten sich eher unspektakulär, alltäglich, fast ohne besondere Vorkommnisse. Kurz schien es, als sollte dem Höhepunkt der Geburtstagsfeier ein emotionales und gesundheitliches Tal folgen, doch schon bald bahnte sich das Leben weiter seinen Weg. Und es war durchsetzt von Freundlichkeit und Freude, vermischt mit Dankbarkeit, mit Leichtigkeit und dennoch Tiefe. Bei allem Gleichmaß unseres Alltags war das die täglich neue Überraschung.

In meinem Tagebuch fand ich eine Eintragung vom Januar 2004 mit folgendem Wortlaut: »Heute morgen erzählt mir Vater seinen Traum – er sei gefoltert worden mit irgendwelchen Nagelstöcken. – Auf meine Frage, was der Grund für diesen Traum sein könnte, kommt ziemlich spontan seine Antwort: ‚Vermutlich, weil ich lebe, denke ich mal!' Puh.«

Meine Eintragung ging noch weiter und knüpfte an unser Gespräch über seinen Suizidversuch damals am Frühstückstisch an. In einem war ich mir sehr sicher und wusste trotzdem nicht, warum: Er würde nicht mehr leiden müssen, so groß auch seine Angst davor war.

Wieder einmal stand ein Besuch unserer hawaiianischen Freunde Keola und Moanalani Beamer ins Haus. Während ich damit beschäftigt war, die Kursankündigungen für unseren Tanzworkshop auf den Weg zu bringen und gemeinsam mit Marty alle anderen Vorbereitungen zu treffen, schien sich Vater in seiner Weise auf das Eintreffen des Ehepaares einzustimmen: Er bat um ein Wörterbuch Deutsch-Englisch, Englisch-Deutsch. Selbiges lag von Stund an unübersehbar gelb auf seinem Schreibtisch, daneben ein Zettel, der sich mehr und mehr mit Wörtern und Sätzen in seiner Handschrift füllte. Ich bezwang meine Neugierde, schaute nicht genau hin und fragte auch nicht weiter nach.

Unsere Gäste waren eingetroffen und zur ersten Begrüßungsrunde fanden wir uns alle im Wohnzimmer ein. Man hatte sich umarmt und traurig das Fehlen meiner Mutter vermerkt.

Ich war darauf vorbereitet, wie gewohnt zu übersetzen. Doch da kam Vater mir zuvor. Ein wenig langsam zwar, aber dennoch flüssig und sicher wandte er sich an Keola: »How are you doing? How is your health?« Überraschtes Köpferucken allenthalben, dann Keolas Antwort: »Pretty good, I'm doing really well.« Er erzählte von seinen erfolgreichen Bemühungen, einer vor etwa einem Jahr begonnenen Krankheit heilend zu begegnen. Nicht ich, sondern Marty übernahm dabei die Rolle des Übersetzers. Auch das war für uns alle neu.

Vater lächelte, als Moana sich mit der Frage »And how are you doing, uncle?« an ihn richtete. Später erklärten wir ihm, dass die Hawaiianer diejenigen, die älter sind als sie selbst, in einer Mischung aus Vertrautheit und Respekt »uncle« oder »auntie«, »Onkel« oder »Tante« nennen. Auch ihm gehe es »pretty good«, ließ er sie wissen, und dass er »really satisfied« sei, sehr zufrieden also.

Am selben Abend holte er sich bei Marty Unterstützung. »Was, meinst du, könnte ich die beiden morgen früh wohl fragen?« Er selbst hatte das Thema Zeitverschiebung erwogen und ließ sich diesen Gedanken von seinem Schwiegersohn absegnen.

Als Keola und Moana am nächsten Morgen das Esszimmer betraten und sich am Frühstückstisch niedergelassen hatten, dauerte es nach »Good Morning!« nicht mehr sehr lange, bis Vater freundlich-stolz-verschmitzt sein »Are you very jetlagged?« vortrug. Wir waren erheitert und vergnügt, Moana hatte angesichts des hohen Respekts, der ihr mit diesem eingeübten Satz zuteil wurde, schon wieder Tränen in den Augen. Wann hatte Uncle Heinrich Englisch gelernt? Vor mehr als 70 Jahren. Sie war bewegt, erhob sich, beugte sich zu ihm herunter und gab ihm einen Kuss. Er ließ es sich sehr gern gefallen.

Wie zufrieden, glücklich, »satisfied« er dieser Tage war, sollte sich in aller Deutlichkeit schon am nächsten Abend wieder zeigen.

Es war der 5. Juni. Unser Haus war belegt mit Freunden, Verwandten und anderen Menschen, die am Tanzworkshop teilnehmen wollten. Sie kamen und gingen, nahmen sich zu essen und zu trinken, leisteten Vater für eine Weile Gesellschaft und verschwanden dann wieder irgendwo im Haus oder im Garten. Unübersehbar war die Heiterkeit unseres Vaters, der sich offenbar keineswegs belästigt fühlte, nein, vielmehr hocherfreut am Zusammensein mit »all den jungen Menschen« wirkte, wie er es später selber nannte.

Wir hatten einen wunderbaren Kursauftakt erlebt, Keola und Marty hatten derweil zu Hause gekocht und nun saßen zehn Personen um den Tisch versammelt, Vater mittendrin. Während er den Honig in seinem Pfefferminztee verteilte, erkundigte er sich zunächst bei Moana und mir danach, wie der Kurs liefe. Dann richtete er seine Fragen an die übrigen Teilnehmer. Dabei blieb mir nicht verborgen, dass ihm der Schalk im Nacken saß. Die Spucke blieb mir vollends weg, als er seinem bisher eher dezenten Flirt die Krone aufsetzte. Zu zwei jungen Frauen gewandt sagte er mit zartem Grinsen »Ich hatte ja gedacht, ich könnte heute Nacht bei Ihnen unten im Zelt schlafen.« Er schaute in die Runde und alle lachten. Meine Nichte Claudia, ihr Ehemann Tilman und ich warfen uns erstaunte Blicke zu, und es gab erneutes Gelächter am Tisch, als Claudia ein belustigt vorwurfsvoll ermahnendes »Aber Opa! Ich bitte dich!« hervorbrachte, von leichtem Kopfschütteln begleitet.

Selten habe ich es mehr bedauert als an diesem Abend, dass Vater die Runde früh verlassen musste. Als die Diakonieschwester gegen 20.15 Uhr kam, um ihn in gewohnter Weise die Treppe hinaufzuschieben und bettfertig zu machen, kam mir das erstmals seltsam und unpassend vor. Draußen war es noch hell und mild und Vater verabschiedete sich lachend von uns allen. Er wirkte so lebendig, so ausgelassen, ja fast jung. Er zog die Tür hinter sich zu und in meinem darauf folgenden, etwas verhalten in die Runde geworfenen »So kenne ich unseren Vater gar nicht« lag durchaus auch ein kleiner Anflug von Moral.

Zu diesem Zeitpunkt war Claudia schon hochschwanger und wir erfreuten uns an der Vorstellung, wie das ungeborene Kind zu hawaiianischen Klängen und Gesängen in ihrem Bauch hin- und her geschaukelt wurde. Im August sollte das Kind zur Welt kommen.

Für diesen Zeitraum hatten Marty und ich einen USA-Aufenthalt geplant und überließen meinem Bruder und Christiane erneut das Feld in Werther. In diesem Sommer bedeutete das nicht nur die Fürsorge für Vater, sondern auch die Betreuung unserer inzwischen hochbetagten Katze, mit der es zu Ende zu gehen schien. Zum Abschied strich ich ihr zärtlich übers Fell, murmelte ihr etwas von »Du wirst das schon gut machen« zu und ließ sie dann allein.

Kreise, die sich schließen

Genau vier Wochen waren vergangen. Marty und ich hatten in der Einsamkeit Kanadas gezeltet und uns in dieser Zeit nicht bei unserer Familie gemeldet.

Nun waren wir gerade in Deutschland gelandet, Reinhard und Christiane hatten uns am Flughafen in Empfang genommen und wir standen bei einer Tasse Kasse an einem der Bistrotische in der Flughafenhalle. Mit besonderer Bedachtsamkeit schob mein Bruder seine Kaffeetasse ein paar Zentimeter weiter in die Mitte des Tisches: »Seit einer Woche bin ich Großvater. Carla ist am 18. August geboren«, weihte er uns mit glücklichem Gesicht in die erste Neuigkeit ein. Wir lagen uns in den Armen »Herzlichen Glückwunsch! Hast du sie schon gesehen? Wie geht es Claudia? Dann ist Vati ja jetzt Urgroßvater ... toll. Er hat sich sicher sehr gefreut!?«

Natürlich war ich darauf vorbereitet gewesen, dass das Kind inzwischen geboren sein würde, dass ich nun Großtante und damit in die nächste Generation vorgerückt sein würde.

Mein Bruder ließ nicht lange mit der nächsten Mitteilung auf sich warten. Ich kannte ihn gut genug, um zu wissen, dass er sich gut überlegt hatte, welche der beiden Nachrichten er uns als erste überbringen sollte. Er hatte die richtige Reihenfolge getroffen. Sein Gesicht wurde sehr ernst, als er uns beide, erst Marty und dann mich anschaute. »Die Katze?!«, fragte ich. Er nickte und legte seinen Arm um meine Schultern. »Wir haben sie gestern beerdigt.«

Als wir später mit dem frischgebackenen Urgroßvater am Tisch saßen und es an dem Platz unter der Heizung so ungewohnt still war, vermischten sich noch einmal die Gefühle. Vater war so glücklich über Baby Carla und wirkte nicht zuletzt auch stolz. Er hatte es geschafft zum Urgroßvaterdasein!

Dann ließ er es sich nicht nehmen, uns vom Tod der Katze zu erzählen. An ihren letzten Tagen sei er selbst abends immer noch mal in den Keller gestiegen, habe Metaxa ein bisschen gestreichelt, ihr eine gute Nacht gewünscht und sich jedes Mal von ihr verabschiedet. Die Beerdigung sei wie eine kleine Prozession gewesen: Reinhard voran mit der toten Metaxa in einem Korb, eingewickelt in »ihren« Pullover, Christiane hinterher, einen kleinen Rosenstock in den Händen. Er selbst sei nicht mitgegangen, aber er habe das Geschehen von seinem Zimmer aus durchs Fenster begleitet. »Ich hätte nie gedacht, dass Metaxa mir so fehlen würde.« Seine Augen waren feucht.

Ihren Todestag hatte er in seinem Kalender notiert. 20 Jahre hatte sie gelebt, davon zehn Jahre in diesem Haus, gemeinsam mit meiner Mutter und ihm und zum Schluss ja auch wieder mit mir. Das Grab hatte mein Bruder dort geschaufelt, wo unsere Mutter den Platz für »das Tierchen« schon lange zuvor ausersehen hatte: unter den Johannisbeerbüschen am hinteren Ende des Gartens.

Wir waren gerade erst zwei Tage aus Kanada zurück, als morgens das Telefon klingelte und meine Nichte Claudia mich mit der Frage überraschte, ob es uns recht wäre, wenn sie uns am selben Tag besuchen kämen. Das Baby war gerade acht Tage alt und so fragte ich – anscheinend ziemlich unbeleckt –, ob das denn jetzt schon gehe. Claudia lachte. »Ja, ich glaube schon.« Die leichte Ironie in ihrer Stimme war mir nicht entgangen. Nachdem ich aufgelegt hatte, fragte ich mich aufgeregt, was es wohl am besten zu essen geben sollte.

Auch das eine ziemlich blöde Frage, diesmal laut Ansicht meines Vaters. Er schien vor Freude schier zu platzen. Mit gespielt ernsthafter Miene meinte er: »Ich gehe mal davon aus, dass Claudia das Essen für ihre Tochter stets griffbereit am Leibe trägt.« Beinahe wäre mir ein genervtes »Hahaha« herausgerutscht, stattdessen entschied ich mich für echtes Lachen und nahm den alten Urgroßvater in den Arm. Die Grundstimmung für den Tag war damit geklärt.

Während wir unseren Besuch erwarteten, entging mir nicht, dass Vater häufiger als sonst von einem Zimmer ins andere wechselte, das Kissen in seinem Sessel zurechtrückte und die Wolldecke auf dem Sofa erneut sorgfältig glatt strich. »Was meinst du? Sollten wir hier vielleicht die Heizung anmachen? Für Carla?" Es war zwar mitten im Sommer und auch nicht sonderlich kalt, aber in dem Moment fand ich seine Idee gar nicht so dumm. »Schließlich können wir sie ja auch immer wieder ausmachen«, versicherten wir uns gegenseitig.

Als Carla von ihren Eltern in unser Haus getragen wurde, veränderte sich die Atmosphäre von einem Augenblick zum nächsten.

Vater hatte sich in seinem Sessel zurechtgesetzt, gänzlich auf Empfangen eingerichtet. Ich hatte die junge Familie bereits unten im Hof begrüßt und dabei schon die »kleine Maus« beäugt. Oben im Wohnzimmer angekommen, nahm Claudia ihre Tochter aus der Babyschale und legte sie direkt in die Arme ihres Urgroßvaters. Wir setzten uns um die beiden herum und waren einfach beieinander. Es wurde still im Raum, die Atmosphäre war ganz weich und ruhig. Wir sprachen mit gedämpften Stimmen und so, als könne alles Laute stören. Gelegentlich begannen wir, uns kurz zu unterhalten, erzählten etwas, schwiegen wieder. Das Bild ist mir noch immer ganz präsent:

Da vor mir saß mein Vater, die Arme vor dem Körper halbkreisförmig zusammengelegt. Darin lag Carla, klein und noch ganz neu, die Augen meist geschlossen. Ich war tief berührt von dem, was ich da sah: Mit einer unglaublich behutsamen Selbstverständlichkeit schien Vater dieses Kind zu hüten, sie einzuhüllen, sie zu lieben. Nichts griff nach ihr, nichts zitterte, nichts drückte; er hielt sie einfach, still und glücklich. Ich wagte kaum zu sprechen und später wusste ich, warum, war ich doch Zeugin eines Augenblicks, in dem eine andere Sprache galt. Ein Kreis hatte sich geschlossen und irgendetwas war wundersam, fast heilig.

Wir hatten zusammen zu Mittag gegessen – ich glaube, es gab Pfannkuchen – und Carla lag schlafend in der Sofaecke im Wohnzimmer nebenan. Alle waren fertig und wir sahen, wie Vater sich zum Aufstehen anschickte. Wir kannten seine Gewohnheiten gut. »Ich lege mich ein bisschen hin«, waren normalerweise die Worte, mit denen er sich dann vom Tisch erhob, seine Serviette zusammenrollte, in den dazugehörigen Ring steckte und sich in sein Zimmer zurückzog. Dasselbe hatten wir jetzt auch erwartet. Und siehe da, Vater stand auf, faltete und rollte seine Serviette, steckte sie in den Serviettenring und sagte dann: »Ich setz mich jetzt drüben hin, zu Carla«, und mit der Erklärung »Ich schaue sie mir einfach noch ein bisschen an« ging er ins Nebenzimmer und nahm in seinem roten Sessel Platz.

In den darauffolgenden Wochen beobachtete ich mehrfach, wie eine graue, uns allen fremde Katze auf unserem Grundstück umherschlich. Das allein war noch nichts Ungewöhnliches. Bemerkenswert allerdings das Verhalten des Tieres: Über eines der Nachbargrundstücke kommend, machte es immer wieder Station an Metaxas Grab, setzte sich dort hin, verweilte und streifte dann erst weiter, durch die Obstbüsche,

Gemüsebeete und hinunter zur Wiese. Während mein Bruder sich eher humoristisch äußerte, als ich ihm von meiner Beobachtung erzählte, reagierte Vater ernsthaft mit den Worten: »Ich glaube ja, dass es zwischen Himmel und Erde vieles gibt, von dem wir gar nichts wissen oder ahnen. Vieles, das wir nicht sehen, das trotzdem möglich ist und auch geschieht.«

Und wieder ergriff mich diese Verblüffung, dieses »So-kenne-ich-unseren-Vater-gar-nicht«-Gefühl. Die eben geäußerte Denkweise, diese Art von Spiritualität ging weit über das hinaus, was bisher seine Einstellung gewesen war. Von früher kannte ich ihn in einer – allzu engen – Religiosität, in einer pietistischen Haltung, unter der ich als Jugendliche gelitten hatte und die er selbst im Laufe seiner letzten Jahre mit Fragezeichen versah.

Unser Vater – ein Zweifler? Gewiss. Ein Ringender, der im Laufe dieses Jahres noch ein knapp 400 Seiten umfassendes Buch von seinem geschätzten Christoph Friedrich Blumhardt durchlas. Ein Fragender, dem das Leben auf seine alten Tage das Geschenk des Sich-Öffnens und Vertrauens zuteil werden ließ und der in seinen letzten Monaten die Gewissheit bekam und erlebte, dass das Leben lebenswert war. Wie oft hatten wir über diese Dinge geredet, wie viele Male saß er mit Pastor Hanke über Glaubensfragen gebeugt beieinander, wie oft hatte er mich – und auch Reinhard, Christiane und Marty – nach unserem Gottesbild befragt, wie oft hatte ich ihn auf meine Art zu »missionieren« versucht, bemüht, ihn aus seiner Enge herauszuholen. Doch das scheinbar vergeblich. Er wollte, sollte und durfte diesen Schritt noch selbst tun, in dem ihm dafür zugedachten Tempo.

Immer wieder stellten wir in diesen Monaten fest, dass Vater um so vieles weicher, fröhlicher und offener wurde. Ein Zeichen? Wer will schon Prognosen wagen, die mit dem nahenden Tod zu tun haben. Vater ging es besser denn je und wir erfreuten uns daran.

Im Nachhinein lässt es sich leichter sehen und auch sagen: »Ist doch ganz klar: Je näher ein Mensch seinem Ende kommt, umso mehr öffnet er sich jenen Dimensionen, auf die er zustrebt.«

Immer wieder, vor allem morgens beim Frühstück, sprachen wir in diesen Tagen über Gnade, Glauben, Sicherheit und Vertrauen und nicht zuletzt auch über Wunder - ein Thema, das meinen Vater schon immer sehr interessiert hatte. »Engeldienste« war der Titel eines golden-schwarz eingebundenen Taschenbuches, das sich nach meiner Erinnerung bereits während meiner Kindertage im Bücherschrank unseres Vaters befand.

Wie hieß noch gleich dieses Lied, das mir vor kurzem wieder untergekommen war und plötzlich auch von Vater gesummt wurde? »Wunder gibt es immer wieder, heute oder morgen, wenn wir sie nur sehn.«

Ein alter Herd in neuen Räumen

Auf all die Erlebnisse des Sommers sollte nun ein Herbst folgen, in dem sich die Wirklichkeit eher nüchtern präsentierte.

Ich selbst nahm unterschiedliche Arbeitstermine wahr, einige davon führten mich für mehrere Tage außer Landes und Marty kümmerte sich während meiner Abwesenheit allein um Vater. Dabei zeigte sich einmal mehr, dass »meine beiden Jungs« auch ohne mich ganz gut zurechtkamen.

Für Ende Oktober 2004 standen Veränderungen im Haus an – und damit verbunden erneute Reibereien zwischen Vater und mir. Sie sollten unseren Auseinandersetzungen von früher erschreckend ähnlich sein und die längst für abgeschlossen gehaltenen Konfliktthemen erneut aufs Tapet bringen. Wir stritten uns und wieder einmal ging es um die alte Frage »Muss diese Neuanschaffung wirklich sein?«

Der wenig präsentable Zustand unserer Küche lag mir seit langem auf der Seele. Ich fand sie oft so unansehnlich, dass ich am liebsten niemanden »Fremdes« mehr hineingelassen hätte. Doch das ging keineswegs, denn diese Küche war zugleich auch Mittelpunkt des Hauses. Es war der Raum, in dem man sich auf die Ecke der Bank hockte und erst einmal ein Schwätzchen hielt. Das war zu Zeiten meiner Mutter so gewesen und auch weiterhin so üblich.

Dementsprechend nahmen einige unserer Freunde unsere Renovierungspläne mit einem »Ach, wie schade!« zur Kenntnis und ich begriff, wie sehr die Küche mit Gewohnheiten, Erinnerungen und Geschichten verknüpft war.

Nicht alles sollte erneuert werden, es ging vor allem um die Wände, die eine neue Tapete brauchten. Der hölzerne Küchentisch war morsch, die Beschichtung stellenweise so abgenutzt, dass sich schon das darunter befindliche Holz zeigte.

Unwillkürlich und direkt erinnerten uns diese Spuren an die stetige, harte Arbeit unserer Mutter und mir war selbst nicht immer ganz wohl dabei, dieses geschichtsträchtige Möbelstück aus seinem nun 50-jährigen Dienst zu entlassen.

Inzwischen waren Marty und ich es, die in dieser Küche arbeiteten. Wenn mein Bruder und seine Partnerin da waren, bereiteten auch sie darin Mahlzeiten zu und genossen den Blick in die Weite des Gartens. Aber wir hatten diesem Raum nie unseren eigenen Anstrich gegeben. Das sollte sich jetzt ändern. Die entsprechenden Gespräche darüber mit Vater lagen hinter uns.

Wie nicht anders zu erwarten, war es nicht gerade leicht gewesen, ihn von der Notwendigkeit der Veränderungen zu überzeugen. Natürlich hing er, mehr noch als wir, an all dem Alten dieses Raumes. Daraus hatte er keinen Hehl gemacht. Aber er hatte schließlich eingewilligt und grünes Licht für das Bestellen des Malermeisters gegeben.

Inmitten all der Schäbigkeit gab es ein wahres Schmuckstück, einen wunderschönen alten Herd. Bis vor einigen Jahren war er sogar noch in Gebrauch gewesen, hatte aber seitdem nicht mehr die ihm zustehende Aufmerksamkeit, geschweige denn Wertschätzung bekommen. Es handelte sich um einen weißen, emaillierten Brenner mit schwarzer Aufschrift in

Sütterlinschrift und silbernen Einfassungen, mit einer großen Kochklappe, einer kleineren Feuer- und einer Aschenklappe, großer Holzlade und weiteren praktischen und schönen Details.

Dieser Herd gehörte in unseren Haushalt, solange ich denken konnte. Ich erinnerte mich an früher, wenn Vater oft im weißen Kittel aus seiner Praxis nach oben in die damalige Küche kam, sich einen Stuhl nahm, ihn vor den Herd stellte, aus seinen Schuhen schlüpfte und sich dann die in dicken, selbstgestrickten Wollsocken steckenden Füße an der Vorderwand eben jenes Herdes wärmte. »Ich hab' doch wieder sooo kalte Füße.«. Dabei rieb er sich zugleich die Hände, die meist auch nicht wärmer waren.

Ohne mit Vater darüber gesprochen zu haben, waren Marty und ich wie selbstverständlich davon ausgegangen, dass es auch in seinem Sinne sein würde, wenn dieser Herd von nun an einen neuen, am besten einen Ehrenplatz im Haus bekäme. Doch weit gefehlt: »Von mir aus kann das Ding auf den Müll.« Ich war entsetzt. »Das will doch sowieso niemand mehr haben«, setzte Vater noch nach. Ich schwieg, spürte meine Wut und holte Atem. »Der kommt nicht weg, auf keinen Fall, den werden wir behalten«, setzte ich ihm entgegen. Dabei hielt ich den Zollstock fest in der Hand. Ich war gerade im Begriff gewesen, auszumessen, wo das gute Stück möglicherweise hätte stehen können. Ungeachtet der Einwände meines Vaters machte ich mich daran, eine Wand im Esszimmer auszumessen, als er mir schon wieder auf den Fersen war. »Da kommt der Herd auf gar keinen Fall hin, wie soll ich denn da bitte vorbeikommen, wenn ich vom Essen aufstehe? Der nimmt doch allen Platz hier weg.« Ich verstand die Welt nicht mehr. »Okay, dann müssen wir eben woanders gucken«, gab ich klein bei und ließ den Zollstock vorerst wieder in einer Schublade im Speisekammerschrank verschwinden.

Wenig später war es dann Martys Idee, den Herd in den Hausflur zu stellen, allerdings erst, nachdem auch dieser renoviert war.

Die Renovierung der Küche gestaltete sich aufwändiger und schwieriger als gedacht. Eine neue Lampe musste her, Kabel mussten neu verlegt werden, und nach dem Abbauen der Möbel erwies sich, dass auch der Boden erneuert werden musste. Dieses Mal war die Frage an meinen Vater rein rhetorischer Natur – der Zustand des Fußbodens sprach für sich. Und doch tat mein Vater mir leid, wie er in der leeren Küche stand, eher hilflos und leicht flehend. »Was soll ich denn auch anderes machen? Da kann ich doch nur sagen ‚Ja, das stimmt'.« Ich nahm ihn in den Arm: »Danke, Vati!«. Dabei ging es mir nicht ums Geld, sondern um seine Fähigkeit und Bereitschaft, sich ebenso wie wir auf »diesen ganzen Zirkus« einzulassen.

Als wäre dies das letzte Mal

Die bis zum 22. November dieses Jahres folgenden Ereignisse wären uns vermutlich nicht als »besonders« oder »nennenswert« aufgefallen und in Erinnerung geblieben, würden sie nicht durch die Tatsache des »zum letzten Mal« oder des »Ach ja, da haben wir doch noch ...« in ein ganz eigenes Licht gerückt. Mit den Augen des Abschiednehmens betrachtet, aus dem Blickwinkel des Todes und des »Ist nicht mehr und wird auch nicht mehr sein« erhalten Situationen, Besuche und Begegnungen ihre spezielle Bedeutung.

Vor allem aber Vaters Fröhlichkeit gab den Bildern dieser letzten gemeinsamen Wochen mit ihm ihre ganz besondere Farbe. Er war so heiter und gelassen.

»10.15 Uhr Augenarzt« stand für Dienstag, den 9.11.2004 in meinem Kalender. Noch blickte Vater diesem Termin mit gemischten Gefühlen entgegen, hatte er doch eine ursprünglich geplante Staroperation nach einigem Überlegen abgesagt. »Dann kann ich den Sommer schön genießen. Und wenn es dann doch irgendwann mal gemacht werden muss, kann man ja immer noch mal gehen. Schließlich bin ich ja auch schon 90.« Wir hatten ihn in seiner Entscheidung unterstützt.

Das war vor ca. vier Monaten gewesen und hatte sich ohne Konsultation des behandelnden Arztes vollzogen. Inzwischen war es also an der Zeit, dort vorstellig zu werden und das aktuelle Sehvermögen testen zu lassen.

Die entsprechenden Vorbereitungen auf diesen Ausflug traf Vater weitgehend selbstständig, lediglich die genaue Abfahrtszeit sowie die zu wählende Kleidung musste bereits am Morgen des Vortages mit mir erörtert werden. Nein, eine Krawatte wollte er nicht umbinden, aber das gute Hemd und der silbergraue Anzug sollte es sein. »Und welchen Mantel nehme ich am besten?« Ich unterbreitete ihm meinen Vorschlag, konnte aber gut damit leben, als er mich nach einigem Hin- und Herüberlegen bat, doch lieber den anderen – »den etwas Festeren« – aus dem Schrank zu holen und vorsorglich an die Garderobe in seinem Zimmer zu hängen. »Damit er morgen früh ein bisschen angewärmt ist.« Das klang zwar so, als würden wir seine Kleidungsstücke in der Gefriertruhe aufbewahren, aber ich setzte seine Wünsche in die Tat um und hatte dafür an jenem Novembermorgen einen recht gut gelaunten und entspannt wirkenden Vater, mit dem ich mich zur verabredeten Zeit und damit sehr rechtzeitig auf den Weg machte.

Die Praxisroutine nahm ihren Lauf, immer wieder wurden Namen gerufen, Augentropfen verabreicht, Patienten in die Behandlungszimmer gebeten, Türen geöffnet und geschlossen.

»Herr Dr. Jöllenbeck, bitte!« Wir standen beide auf. »Soll ich mit reinkommen?«, fragte ich Vater. Er bejahte.

Der Arzt erschien, stellte ein paar Fragen, die abgesagte OP betreffend, zog dann einige Erkundigungen bezüglich des aktuellen Befindens ein und startete schließlich den neuen Sehtest. Bei alledem verhielt sich Vater ruhig, gelassen und auch freundlich.

Ich wunderte mich lediglich darüber, dass der Arzt das linke Auge mehrfach und außerordentlich intensiv in Augenschein nahm – länger, als dies üblicherweise der Fall war. Erst als er die Ergebnisse seiner Untersuchung verkündete, wurde mir klar, warum er zuvor einmal mehr hatte hinschauen müssen: Das Sehvermögen des zu operierenden Auges hatte sich in der Zwischenzeit um 0.25 Dioptrien verbessert! Während mir ein »Nein! Das gibt's doch nicht« entfuhr, blieb Vater ruhig lächelnd und fast ein bisschen stolz auf seinem Teststuhl sitzen. »Na bitte, hab ich's doch gewusst«, schien aus jeder seiner Poren zu dringen, doch sagte er dies nicht, ich konnte es nur spüren. Er beschränkte sich auf ein außerordentlich zufrieden klingendes »Das ist ja schön«.

Wir hatten die halbe Strecke des Rückweges bereits hinter uns, als ich meinen Vater schließlich fragte: »Wie hast du das denn hingekriegt?« Ich konnte es noch immer nicht glauben. Doch ohne etwas zu sagen, drehte Vater seinen Kopf nur kurz in meine Richtung, lächelte und blickte dann wieder nach vorn. Wir waren gerade über eine Bergkuppe gefahren und vor uns rechts im Tal lag Werther.

»Das war ein wirklich schöner Sommer«, sagte Vater unvermittelt und ich wusste nicht, ob dies die Antwort auf meine Frage war.

Von Sehnsucht, Heimweh, Lebensfreude

Als gesetzlicher Feiertag ist er zwar seit etlichen Jahren in fast allen Bundesländern abgeschafft, trotzdem gibt es am Buß- und Bettag noch immer und vielerorts Gottesdienste, sowohl in den Kirchen als auch im Fernsehen. So auch an jenem Mittwoch, den 18. November 2004.

Vater war wieder einmal bestens informiert und hatte herausgefunden, dass der Fernsehgottesdienst an diesem Tag nachmittags um 16.00 Uhr aus der St. Michaeliskirche auf St. Pauli, dem Hamburger »Michel« also, übertragen werden sollte. Allein das wäre schon ein guter Grund gewesen, den Fernseher einzuschalten. Aber für Vater war ein anderes Motiv von größerer Bedeutung: Jürgen Fliege sollte den Gottesdienst halten. Den habe er zwar noch nie im Fernsehen gesehen, aber es würde ihn einfach interessieren, diesen Mann einmal in Aktion zu sehen und predigen zu hören, ließ er mich wissen. Gehört und gelesen habe er ja schon viel über ihn.

Und so kam es, dass ich Vater gegen 15.50 Uhr die Treppe hinaufschob und selbst – ganz entgegen meiner ursprünglichen Planung – für die nächste Dreiviertelstunde neben ihm vor dem Fernseher saß.

Der Gottesdienst war vorüber, Vater erhob sich, schaltete das Gerät aus und setzte sich dann wieder zu mir auf das völlig durchgesessene und für mich so unbequeme rote Plüschsofa.

Für ihn hatte dieses Möbel einen hohen Erinnerungswert. Das machte es erträglich. Über viele Jahre hatte er gemeinsam mit meiner Mutter auf diesem Sofa gesessen.

Ich nahm Vaters Hand und unser Gespräch knüpfte an das Thema des eben gesehenen Gottesdienstes an. Um Sehnsucht - Fernweh - Heimweh - Heimat war es gegangen. Plötzlich kam mir die Bibelstelle in den Sinn, die sich Vater schon vor langer Zeit für seine Todesanzeige ausgesucht hatte. »Wir haben hier keine bleibende Stadt, sondern die zukünftige suchen wir.« Dieser Vers hatte sich mir tief eingeprägt.

Vor meinem Umzug zurück ins Haus meiner Eltern war wohl kein einziger meiner Besuche bei ihnen vergangen, ohne dass Vater nicht den grauen, mit »Sterbefall« beschrifteten Aktenordner hervorgeholt hatte und dessen Inhalt mit mir durchgegangen war. Darin enthalten waren wichtige Informationen, Angaben über alle zu benachrichtigenden Institutionen, Adressen der anzuschreibenden Verwandten sowie verschiedene andere Wünsche, die es im Falle seines Ablebens zu berücksichtigen galt. Dort befand sich auch das Blatt Papier, auf dem er den besagten Vers notiert und sogar einen groben Entwurf für seine Todesanzeige skizziert hatte.

Auch in den letzten Jahren hatte er diese Mappe gelegentlich hervorgeholt, doch war dies zunehmend seltener und in den letzten Monaten gar nicht mehr geschehen.

»Findest du nicht auch, dass das Thema des Gottesdienstes mit dem von dir ausgesuchten Vers zu tun hat?«, nahm ich das Gespräch wieder auf. Zunächst schien Vater nicht genau zu verstehen, worauf ich mit meiner Äußerung hinauswollte.

Als ihm klar wurde, was ich meinte, kamen wir in ein Gespräch darüber, ob Sehnsucht etwas ist, das alle Menschen kennen. Ihm selbst sei sie sehr vertraut, als Kind habe er so sehr mit Heimweh zu tun gehabt. Und während des Krieges wäre es für ihn immer unendlich schwer gewesen, so weit weg von zu Hause zu sein. Zu Hause sei für ihn in jungen Jahren immer seine Mutter gewesen. »Später dann ...« kam Vater ins Erzählen. Ich hörte ihm zu und stellte manchmal eine Frage.

Ja, fuhr er fort, dieses Gefühl, dass es irgendwo noch etwas anderes gäbe, hätte sich in all den Jahren seines Erwachsenenlebens immer wieder wie ein Druck, wie eine unerklärliche Sehnsucht, auf ihn gelegt.

Wir kehrten zurück zu unserer Frage, ob in uns Menschen beides wirksam ist, das Sehnen ebenso wie das Verwurzeltsein. Vater schaute mich an und verblüffte mich aufs Neue: »Ach, lass nur, ich bin jetzt hier bei euch so ganz zufrieden. Das Leben macht mir doch noch Spaß.« Mit dieser Stellungnahme waren wir wieder in der Gegenwart angekommen und mir wurde die Unbequemlichkeit des Sitzmöbels unter mir erneut schmerzhaft bewusst. Wir hatten ziemlich lange so gesessen und Vaters schmale Hand lag noch immer in der meinen. »So, dann wollen wir mal Schluss machen mit dem Buß- und Bettag!«, und selbst schon im Aufstehen begriffen, beantwortete Vater meine letzte, den eben gesehenen Gottesdienst betreffende Frage. Nein, völlig verkehrt fand er die popmusikalischen Darbietungen während des Gottesdienstes nicht. »Ein bisschen gewöhnungsbedürftig halt.«

Dann hat das Neue schon begonnen

Die Küchenrenovierung lag inzwischen knappe zwei Monate zurück und wir alle waren mit den Neuerungen sehr zufrieden. Ich war besonders froh darüber, dass das Küchenfenster nicht mehr, wie in all den Jahren zuvor, verstellt war. Es war jetzt frei zugänglich und ganz ohne Mühe weit zu öffnen.

Nicht selten standen wir selbst oder unsere Besucher dort und schauten in den Garten und weiter über die dahinter liegenden Wiesen und Felder. »Wie schön doch dieser Blick hier raus ist.«

Es war Freitag, der 19. November, wieder einmal stand das Wochenende vor der Tür und wieder einmal war ich mit Reisevorbereitungen beschäftigt. Im Anschluss an einen zweitägigen Workshop hatte Marty mir »eine Woche Urlaub von Werther« geschenkt. Er würde sich in dieser Zeit um Vater kümmern, ihn bekochen, mit ihm und für ihn da sein.

Ich freute mich riesig auf die bevorstehende Zeit und hatte mich schon bei meinen Freundinnen im Norden angekündigt.

Doch erst die Arbeit, dann das Vergnügen. Der Wagen war gepackt mit vielen kreativen Arbeitsrequisiten, aber auch mit privaten Sachen für die ganze Woche.

Wie immer machte ich noch einen letzten Gang durchs Haus, dann kam das Ritual des Abschiednehmens. Vater war aus seinem Zimmer gekommen und wir standen in der Küche. Auch Marty war dabei. »Habt's gut, ihr zwei, passt schön aufeinander auf und streitet euch nicht allzu oft.« Wir lachten. Ich nahm Vater noch einmal in den Arm.

Um wieviel leichter die Abschiede in diesem Haus doch geworden waren! Heiter und humorvoll waren sie jetzt. Und deshalb erlaubte ich mir die Frage, für welchen Abend denn die Tänzerinnen bestellt seien.

Mit einer derartigen Äußerung hätte ich mir in früheren Zeiten mit Sicherheit die Verärgerung meines Vaters eingehandelt und folgerichtig eine Zurechtweisung »Nun red doch nicht so ein dummes Zeug.«

Ganz anders jetzt. Vater schüttelte schmunzelnd seinen Kopf und wandte sich seinem Schwiegersohn zu. »Für Kulturprogramme ist Marty zuständig.«

Der Abschied fiel mir diesmal bei aller Heiterkeit dennoch nicht ganz leicht.

Schließlich saß ich in meinem Auto. Wie so viele Male zuvor startete ich, setzte zurück und hatte das Küchenfenster unmittelbar im Blick. Da stand er winkend, unser alter Herr. Nach vorne gebeugt, die Nase fast an die Scheibe gepresst, lächelte er mir zu. Erneut hielt ich inne und winkte zurück. In diesem Augenblick trat Marty an Vaters Seite und legte den Arm um dessen Schultern. Ich sah, wie ihre Münder sich bewegten und sie schon wieder lachten. »Okay, ihr beiden!«, sagte ich mehr zu mir selbst und gab mir einen Ruck. Ich löste die Handbremse, legte den ersten Gang ein und trat aufs Gaspedal.

Das Bild meines Vaters hinter der Fensterscheibe nahm ich im Herzen mit.

Natürlich hatte ich inzwischen die Vorzüge eines Mobiltelefons schätzen und nutzen gelernt und auch an jenem Wochenende hatte ich es bei mir. Zugleich aber blieb ich meiner Angewohnheit treu, es erst dann wieder einzuschalten, wenn ein Seminartag zu Ende war und ich diesen auch innerlich abgeschlossen hatte.

Am Spätnachmittag des 20. November schaltete ich mein Telefon ein, um kurz in Werther anzurufen. Ich war keineswegs in Sorge um das Wohl meiner beiden, nein, ich wollte nur ein rasches »Hallo« sagen.

Ich fand eine Nachricht von Marty, die mit einem »..., aber ruf mich heute Abend noch mal an« endete. Das tat ich sofort und erfuhr, dass es den beiden sehr gut ging, dass es am Morgen allerdings einen kleinen Zwischenfall gegeben hatte. Nach dem Frühstück, als es um die Absprachen fürs Mittagessen gegangen sei, hätte Vater plötzlich ein bisschen sonderbar gewirkt, habe sich nicht mehr erinnern können, für welches Gemüse er sich denn gerade entschieden hatte. »... und wie heißt diese Wurst noch mal?« Mehrfach hatte Marty ihm dann mit Wirsing und Mettendchen auf die Sprünge zu helfen versucht, selbst zunehmend irritiert und beunruhigt. Dann war Vater vom Tisch aufgestanden und hatte zu sagen versucht, was er als nächstes tun wolle: »Dann gehe ich mich jetzt erst einmal ...« und mit einem fragend-hilfesuchenden Blick hatte er, anstatt das entsprechende Wort auszusprechen, lediglich die Geste des Rasierens angedeutet.

»Und dann?« Was Marty erzählte, versetzte mein eigenes Gehirn in Aufruhr. »Und dann war alles wieder ganz normal.«

Doch habe er – ohne es Vater zu sagen – meinen Bruder angerufen. Der sei sofort ins Auto gestiegen und im Laufe einer Stunde da gewesen. Vater habe sich riesig über diesen Überraschungsbesuch gefreut, dann aber plötzlich argwöhnisch gefragt: »Hat Marty dich angerufen?« Er sei sich seines Aussetzers wohl bewusst gewesen, habe aber über den vergessenen Wirsing gelacht und sich dann sehr ins Zeug gelegt, meinem Bruder Details vom gestrigen Tag, aus den Nachrichten, vom politischen Tagesgeschehen sowie auch einige Aktualitäten aus dem kirchlichen Mitteilungsblatt zu berichten. Er selbst, Marty, habe die beiden dann allein gelassen, für alle Essen gekocht und so auf seine Weise dazu beigetragen, dass Vater und Sohn ein paar interessante und intensive Stunden miteinander verbringen konnten. Von Gedächtnislücken keine Spur, im Gegenteil. Und am frühen Nachmittag sei Reinhard wieder abgefahren.

Irgendwie war ich sprachlos, hatte aber zugleich das Gefühl, dass alles in Ordnung war. Nur ein kleiner Rest von Sorge blieb und auch die Frage danach, was dies wohl gewesen sein konnte.

Am nächsten Tag in meinem Workshop nutzte ich die Chance und wandte mich in der Mittagspause mit meiner Frage an eine Teilnehmerin, von der ich wusste, dass sie aus einem medizinisch-pflegerischen Beruf kam. »Das kann ein Versorgungsdefizit im Gehirn sein. Ein Grund dafür ist kurzfristig mangelhafte Herztätigkeit.« Wie pflegte unser Hausarzt gelegentlich zu sagen? »Ihr Herz ist auch schon 90 Jahre, genau wie Sie, Herr Doktor Jöllenbeck.«

Der Kurs war zu Ende und alle hatten Abschied voneinander genommen. In mir breitete sich die Zufriedenheit über das bewegt-bewegende Arbeitswochenende aus und mischte sich zugleich mit der erwartungsvollen Freude auf die vor mir liegenden Tage. Ich würde Freundinnen und Freunde besuchen, für die ich schon lange keine Zeit mehr gehabt hatte. Gleich heute Abend würde ich damit beginnen.

Erst zu späterer Stunde erinnerte ich mich meines Handys. Nach den Ereignissen des gestrigen Tages meldete sich doch ein kleiner Sorgenstich in meinem Herzen, während ich unsere Nummer wählte.

»Wir hatten einen sehr, sehr schönen Tag zusammen.« Marty berichtete von seinen Erlebnissen und Unternehmungen mit Vater und ich hörte mir seinen ausführlichen Bericht glücklich an. Wie gut. Erleichtert und zufrieden legte ich auf und wandte mich wieder meiner Freundin zu.

Am nächsten Morgen war ich auf dem Land zum Frühstück verabredet. Als ich in mein Auto stieg, gingen meine Gedanken erneut nach Hause zurück. Nein, ich wollte dort nicht schon wieder anrufen. Wenn mit Vater über Nacht oder am Morgen etwas nicht in Ordnung gewesen wäre, hätte ich es bis zu dieser Uhrzeit bereits erfahren. Mit dem Gedanken, dass alles gut sei, schaltete ich mein Telefon aus.

Mit Barbara, einer alten Freundin, ging ich mittags in einem kleinen Restaurant am Marktplatz in Eutin essen, wir tauchten ein in ein intensives Gespräch, bummelten anschließend durch die mir aus früheren Zeiten so vertraute Stadt und landeten schließlich an den mit Advents- und Weihnachtsschmuck gefüllten Sondertischen einer Drogerie. »Die werden Vater ganz bestimmt gefallen.« Ich legte gleich zwei der runden Behälter mit den weinrot-gold-orangenen Kugeln in unseren Einkaufswagen und stellte mir vor, wie sie zusammen mit den von Vater gebastelten roten Christbaumrosen an unserem diesjährigen Tannenbaum hängen würden. »So lange ist es auch gar nicht mehr bis Weihnachten«, wurde mir im selben Moment klar. Nächsten Sonntag würde bereits der erste Advent sein. Und plötzlich freute ich mich auf die Vorweihnachtszeit. Wenn ich Ende der Woche wieder nach Hause käme, würde ich die Adventssachen vom Boden holen und alles schön »verschmücken.« Meine Gedanken wanderten zu all den Kartons, in denen schon meine Mutter die Sachen aufbewahrt hatte. Und plötzlich war auch die Erinnerung an ihre letzte Adventszeit vor drei Jahren wieder da. »Zwölf Euro, fünfundachtzig Cent, bitte.« Ich überflog den Kassenbon, die letzte Zeile gab Aufschluss über Datum und Uhrzeit: 22.11.2004, 15:27 Uhr.

»Dann lass uns mal jetzt nach Hause fahren,« schlug ich der Freundin vor und meinte damit den kleinen Ort, wo sie mit ihrer Familie lebte und ich derzeit zu Gast war. Inzwischen drängte es mich, doch einmal kurz in Werther anzurufen.

Und während Barbara Kaffee und Kakao kochte und es sich mit ihren beiden Jüngsten im sogenannten »hinteren Zimmer« bereits gemütlich machte, erbat ich mir das Telefon und wählte Werther. Mein Handy lag derweil noch immer still und unberührt in meinem Auto auf dem Hof.

Während es am anderen Ende ein paar Mal klingelte, ging ich hinaus in den Flur und weiter ins Wohnzimmer. »Hallo, ich bin's«, verkündete ich, als Marty sich am anderen Ende meldete. »Ich habe keine gute Nachrichten«, entgegnete er mir. Mir fiel auf, dass er deutsch sprach. »Vati ist heute morgen gestorben.«

Ich erinnere, dass er nach einer kurzen Pause und auf meine Frage danach, was passiert sei, ziemlich rasch weitersprach, mir etwas vom Hergang erzählen wollte, auch, dass sie mich nicht hätten erreichen können, dass Reinhard im Internet ... Doch was er sagte, erreichte mich nicht wirklich. Ich stand in der Mitte des großen Raumes, mein Blick fiel nach draußen in einen Park, meine Hand, die den Hörer hielt, schien steif und reglos, mein Denken ging eigene Wege und erst ganz allmählich spürte ich den Schmerz, der, mit dem ersten Begreifen verbunden, auch meinen Körper in Bewegung setzte. Ich schluchzte tief und musste mich erneut vergewissern: »Marty!,« unterbrach ich ihn, »ist das denn wahr?« Was für ihn seit vielen Stunden Realität war, war für mich noch so neu und unverstanden. Ich holte tief Luft und war plötzlich in klarer Verfassung. Von Marty erfuhr ich ein bisschen mehr darüber, wie es sich am Morgen ereignet hatte. Reinhard sei sehr schnell da gewesen und habe vieles schon geregelt. Das Weinen ergriff mich erneut. »Mensch, Vati! –«

Ich konnte es noch immer nicht glauben und war zugleich erstaunt darüber, wie nüchtern wir das Weitere besprachen. »Ich trinke jetzt noch einen Kaffee und fahre dann los. Nein, mach dir bitte keine Sorgen, ich fahre vorsichtig, ich fühle mich sehr ruhig.« Dann legte ich auf.

Ganz langsam ging ich durch den Flur in das Zimmer, in dem die anderen mich erwarteten. Ich weinte und stand ein wenig hilflos in der Tür. »Mein Vater ist tot.« Barbara umarmte mich, ihre Worte hörte ich nur entfernt und sah dann in die Augen ihrer Kinder. Beide blickten mich betroffen an, auch fragend, und ich musste mitten hinein in meine Tränen lächeln. Wie tröstlich mir die beiden plötzlich wurden.

»Kannst du auch fahren? Willst du noch etwas essen?« Ich fühlte mich so gut umsorgt und behütet. »Nein, essen kann ich jetzt nichts.« Aber ich ließ mir ein paar Äpfel von Barbara einpacken. »Hier, auch für unterwegs für dich.« Die Kinder hatten eine kleine Tüte mit Keksen zurechtgepackt, die sie mir entgegenhielten. »Habt Dank.« »Alles ist gut«, fügte ich noch rasch hinzu und nahm dann Abschied von den Dreien. »Und grüßt die anderen beiden!«

Im Auto griff ich nach meinem Handy und schaltete es ein. »Sie haben drei neue Nachrichten. Zur Abfrage Ihrer neuen Nachrichten drücken Sie die Eins.« Dreimal hatte Marty versucht, mich zu erreichen, dreimal hatte er um einen Rückruf gebeten, jedesmal ohne Erfolg. Wie von einer Blase umgeben, war ich den wichtigen Ereignissen meines Lebens noch eine Weile ferngeblieben. Erst jetzt war ich bereit, mich ebendort hineinzubegeben, hinein in die Welt zu Hause in Werther, die plötzlich nicht mehr die Welt meines Vaters war.

Fast vier Stunden lang gab mir die Fahrt Gelegenheit, für mich zu sein, zu denken, Bilder vorbeifliegen zu lassen, Zukünftiges zu erahnen, das Geschehene zu begreifen und darüber zu weinen. Es war eine gute Zeit, diese Wegstrecke nach Werther.

Und als ich das Auto dort langsam auf den Hofplatz rollen ließ, flackerte mir das kleine Licht der Salzleuchte warm von der Fensterbank aus Vaters Zimmer entgegen.

»Vati ist schon abgeflogen!« Mir fiel dieser Satz wieder ein, der mir vor einiger Zeit morgens beim Aufwachen schreckhaft in den Sinn gekommen war. Doch jetzt bestürzte er mich nicht mehr. Er war nicht länger Vorbote, sondern wahr geworden, mitten hinein in unser Leben. Behutsam öffnete ich die Tür, ging die Stufen der Treppe hinauf und hörte die Stimmen der anderen.

Mein Bruder nahm mich als erster in den Arm. Mir war, als wäre ich hineineingetreten in einen hellerleuchteten Saal, gefüllt mit vielen lieben Menschen. Ich stand in unserem kleinen Esszimmer, um den Tisch herum versammelt saß meine engste Familie. Baby Carla lag schlafend auf unserem Bett drüben im Behandlungszimmer, direkt neben Vaters Zimmer.

Ich wollte ihn sehen. Mein Herz klopfte, als ich die Türe leise öffnete und gemeinsam mit meinem Bruder den Raum betrat. Die Kerzen am Kopfende des Sarges brannten, ich konnte ihn gut betrachten, wie er dort aufgebahrt lag. In diesem Augenblick wurde es in mir ganz still. Mein Vater wirkte würdevoll und klar. Sein Gesicht war ernst und zugleich friedlich, die Lippen ziemlich starr. Er trug den dunkelgrauen Anzug und eines seiner hellen Hemden.

Ich griff nach Reinhards Hand und drückte sie. »Wie schön.« Ich schüttelte nur leicht den Kopf. Wie konnte ich im Angesicht meines gerade verstorbenen Vaters so etwas sagen? Aber ich empfand es so. Ich war unendlich traurig, dankbar und bewegt. Reinhard verließ das Zimmer und ich war mit meinem toten Vater allein.

»Kannst du noch mal über den Text der Todesanzeige gucken?«, fragte mich Reinhard, als ich zu den anderen zurückkam. »Wir haben hier keine bleibende Stadt, sondern die zukünftige suchen wir. Hebräer 13,14« las ich oben rechts, auf gleicher Höhe mit dem Querstrich des Kreuzes zur Linken. Und weiter unten, unter unsere Namen, hatte mein Bruder einen Satz geschrieben, der sich mir erst bei mehrfachem Lesen ganz erschloss. Auch dem stimmte ich gern zu: »Wir teilen seine Hoffnung, auch über den Tod hinaus bei Gott Geborgenheit zu finden.« Ja, das war Vaters Hoffnung, nicht aber Gewissheit.

»Dr. Heinrich Jöllenbeck ist tot«. So lautete der erste Satz des Nachrufes, den ich ganz unerwartet im Lokalteil unserer Zeitung fand. Am Morgen des 24.11. hatte ich die Haustür aufgeschlossen, die Zeitung aus dem Kasten geholt und aufgeschlagen. Ich wollte sehen, ob unsere Anzeige darin erschienen war. Das, was ich sah und las, erwischte mich mit schonungsloser Heftigkeit.

Noch lag Vater in seinem Zimmer nebenan. Gestern waren Nachbarn und Verwandte da gewesen, hatten sich, hier in seinem Haus, von ihm verabschiedet. Heute Vormittag sollte die Aussegnung sein. Dann würde er sein Haus verlassen, endgültig und für immer.

Ich öffnete leise, aber rasch die Tür zu Vaters Zimmer. »Guten Morgen, Vati«, flüsterte ich ihm zu. Erneut durchfuhr es mich, als meine Hand beim Berühren der seinen diese unglaubliche Kälte spürte. Ja, Heinrich Jöllenbeck war tot. »Wir hatten's noch so schön zusammen. Mach es gut, wo immer du auch bist.«

Natürlich fragte ich Marty nach den Einzelheiten von Vaters Tod und immer wieder erzählte er mir, wie sich am Morgen des vergangenen Montag alles zugetragen hatte. Und stets aufs Neue waren wir beglückt, erstaunt, wie alles sich gefügt hatte und wie ganz ohne Leiden mein Vater schließlich von uns ging, »so, wie man es sich immer wünscht,«, »ganz friedlich eingeschlafen«, »vom Tod überrascht« im hohen Alter von fast 91 Jahren, »gesegnet und begnadet«. Und dennoch fand ich: Irgendwie zu früh.

Später erfuhr ich, dass sich einer große Sorgen um mich gemacht hatte, und das war unser treusorgender Hausarzt gewesen. »Wie wird das für die Tochter sein?«, war seine Frage gleich gewesen. Und ich versuchte zu verstehen. Jahr um Jahr hatte ich mich um meine Eltern gekümmert und immer war ich für sie da, in letzter Zeit ausschließlich für den Vater. Dann verließ ich das Haus für ein paar Tage, einmal nicht aus Arbeitsgründen, sondern hauptsächlich, um mich zu vergnügen, und just dann stirbt der Vater. War das nicht furchtbar?

Selbst wäre ich nie auf diesen Gedanken gekommen. Für mich war alles gut. Kein »hätte ich«, kein »wäre doch«, kein »wenn« und »würde« schob sich mir in den Weg.

Ich stand an Vaters Grab und hörte seinen Satz von vor acht Tagen: »Das Leben macht mir doch noch Spaß.«

Zwei Wochen nach Vaters Beerdigung – ich war gerade aufgestanden – fiel mein Blick durch das Fenster auf das große Ackerstück gegenüber und ich meinte, dort einen großen Vogel zu erkennen. Ich holte das Fernglas aus dem Schrank und war in seltsamer Weise berührt: Ein Graureiher stand dort, ganz still und fast wie regungslos. Er schaute in Richtung unseres Hauses.

Einige Augenblicke lang blieb ich so reglos wie das Tier.

Dann irgendwann bewegte sich der Reiher, krümmte seinen langen Hals, schlug mehrfach mit den Flügeln und hob dann ab. Er flog direkt in meine Richtung. Ich schaute auf und als er über unser Haus hinwegflog, war es, als begegneten sich unsere Blicke. Dann war er fort.

Die etwas abstrakte braune Holzskulptur der beiden Kranichreiherschwäne, die ich beim Ausräumen des elterlichen Hauses schon in die Flohmarktkiste hatte stecken wollen, steht jetzt in unserer Wohnung.

Die beiden Vögel schauen auf zum Foto beider Eltern an der Wand. Sie könnten noch so viel erzählen!

Lebenshilfen

Barbara Bojack / Klaus Sanden
Älter werden – lebensfroh bleiben
Wie wir uns vor Altersdepression schützen
Band 5749
Das Alter ist eine Lebensphase, in der Menschen depressiv werden können – aus ganz unterschiedlichen Gründen. Die Autorin erklärt, wie Depressionen entstehen und wie man sich davor schützen kann

Ruth Eder
Netzwerk der Generationen
Gemeinsam statt einsam
Band 5732
Erfolgreiches „Networking" wird schon heute bei generationsübergreifenden Unternehmungen erprobt. Praktisch erprobte Anregungen mit vielen Tipps für die Lebensform der Zukunft.

Ruth Eder
Ich spür noch immer ihre Hand
Wie Frauen den Tod ihrer Mutter bewältigen
Band 5821
Das Band zwischen Müttern und Töchtern ist ganz besonders. Wird es durch den Tod der Mutter gelöst, dann heißt es Abschied zu nehmen: Fünfzehn erwachsene Töchter erzählen von Schmerz und Trost.

Sylvia Görnert-Stuckmann
Umzug in die dritte Lebensphase
Wie wohnen und leben – Modelle und Beispiele
Band 5638
Das familiäre Mehrgenerationen-Konzept, oder nachbarschaftliche Vernetzung: Das Konzept der ambulanten und stationären Pflege reicht nicht mehr. Alternativen werden diskutiert und erprobt.

Wolfgang Heiß
Älter werden – gesund bleiben
Die 10 goldenen Regeln
Band 5562
Die Zukunft liegt in unserer Hand. Ziel ist: Zufrieden, kompetent, leistungsfähig und selbstbestimmt zu bleiben. 10 klare Regeln beizeiten beachten.

Monika Müller / Matthias Schnegg
Der Weg der Trauer
Hilfen bei Verlust und Tod
Band 5476
„Hier sprechen erfahrene und kompetente Begleiter zu einem Lebensabschnitt, der zu oft verdrängt wird. Ihre Erfahrungen und Reflexionen sind wirkliche Hilfe zum Leben." (Heinrich Pera)

Heinrich Pera
Da sein bis zuletzt
Erfahrungen am Ende des Lebens
Band 5483
Wer Menschen am Ende ihres Lebens-weges begleitet braucht die Balance zwischen helfender Nähe und heilender Distanz. Ein bewegendes - und spirituelles Buch.

Daniela Tausch
Sterbenden nahe sein
Was können wir noch tun?
Band 5496
Wie können wir gemeinsam den letzten Weg gehen und auf eine menschliche, liebevolle und würdige Art Abschied nehmen? - Erfahrungen und Hinweise aus der Praxis der Sterbebegleitung.

Daniela Tausch-Flammer / Lis Bickel
Jeder Tag ist kostbar
Endlichkeit erfahren - intensiver leben
Band 5522
Übungen für eine neue Lebensperspektive.

Patricia Tudor-Sandahl
Das Leben ist ein langer Fluss
Über das Älterwerden
Band 5923
Älterwerden ist immer auch ein Abenteuer. Denn aus der Überwindung von Verunsicherung, Angst und Sorge erwachsen neue Chancen. Ein nachdenkliches, humorvolles und inspirierendes Buch.